Katrin Behrend

Meerschweinchen

Fotos: Karin Skogstad
Zeichnungen: György Jankovics

INHALT

Anschaffung und Eingewöhnung 4

Typisch Meerschweinchen	4
Entscheidungshilfen	6
Wissenswertes über die Herkunft	9
Männchen oder Weibchen	10
Augen auf beim Kauf	10
Das richtige Meerschweinchen auswählen	10
TIP: Rechtsfragen	12
Welche Rassen zur Wahl stehen	12
Im Porträt: Meerschweinchen	14
Die richtige Behausung	16
Checkliste: Ausstattung	17
PRAXIS Eingewöhnung	18

Der richtige Umgang im Alltag 21

Meerschweinchen und Kinder	22
Gemeinschaft mit anderen Heimtieren	22
Auslauf in der Wohnung	23
10 Goldene Regeln des richtigen Umgangs	24
Stubenreinheit	25
Tabelle: Gefahren	27
TIP: Probleme bei Langhaar-Rassen	28
Die kleinen Macken	28
PRAXIS Pflege	30
Versorgung im Urlaub	32
Gesunde Ernährung	32
Nachwuchs	34
Checkliste: Ernährung	35
TIP: Während der Tragzeit beachten	39

Verhalten und Beschäftigung 41

Wichtige Verhaltensweisen	41
Zusammenleben im Rudel	42
Worauf Sie achten müssen	42
VerhaltensDolmetscher	44
Hören, sehen, riechen, tasten	46
Tabelle: Körpersprache und Lautsprache	47
PRAXIS Beschäftigung	48

Gesundheitsvorsorge und Krankheiten	51	Anhang	60
Gesundheitliche Probleme für den Menschen	51	Register	60
Erste Krankheitsanzeichen	51	Adressen und Literatur	62
Checkliste: Gesundheitskontrolle	53	Wichtige Hinweise	63
Der Gang zum Tierarzt	53	Impressum	63
TIP: Meerschweinchen-Diät	54	EXPERTEN-RAT	64
Tabelle: Störungen und Krankheiten erkennen	55		
PRAXIS Krankenpflege	58		

TYPISCH MEERSCHWEINCHEN

- Rundum gut gepolstert.
- Blanke Äuglein, pfiffiger Blick.
- Viele Fellfarben und Haarstrukturen.
- Gutmütig und zutraulich.
- Versessen aufs Fressen.
- Braucht Holz zum Nagen.
- Gesellig und friedlich.
- Nestflüchter.
- Frühreif und vermehrungsfreudig.

Das Meerschweinchen kam aus Südamerika über das Meer zu uns, und weil es quiekt und grunzt wie ein Ferkelchen, hatte es seinen Namen weg. Schon immer war das possierliche Tierchen ein idealer Spielgefährte für Kinder, denn es läßt sich gern streicheln und knuddeln, kratzt und beißt nicht und fühlt sich in Gesellschaft am wohlsten. Zwei Meerschweinchen leben friedlich zusammen und streiten sich selten ums Futter. Trotz ihres plumpen Körperbaus sind sie sehr behende. Sie klettern gern auf erhöhte Plätze und genießen die Aussicht. Die Jungen kommen voll entwickelt auf die Welt, können sofort laufen und feste Nahrung fressen.

ENTSCHEIDUNGSHILFEN

1 Meerschweinchen können sechs bis acht Jahre alt werden. So lange müssen Sie die Verantwortung für Ihr Tier übernehmen.

2 Zum Sichwohlfühlen braucht das Meerschweinchen eine große Behausung, die allerdings ihren Preis hat.

3 Der Käfig muß immer sauber, das Futter immer frisch sein. Das kostet Arbeit und Zeit.

4 Ein Meerschweinchen ist ein geselliges Tier und braucht täglich Ansprache und Beschäftigung.

5 Beim Auslauf in der Wohnung kann das Tier Möbel und Tapeten annagen, Haare, Pfützchen oder Kotkügelchen hinterlassen. Dafür müssen Sie Toleranz aufbringen.

6 Auch wenn Sie das Meerschweinchen Ihrem Kind schenken, sollten Sie ein Auge darauf haben.

7 Wer versorgt das Tier während des Urlaubs oder eines Krankenhausaufenthaltes?

8 Ein krankes Meerschweinchen muß vom Tierarzt behandelt werden, was teuer werden kann.

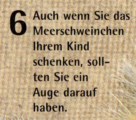

9 Haben Sie schon Heimtiere, die sich mit einem Meerschweinchen womöglich nicht vertragen?

10 Bitte klären Sie vor der Anschaffung, ob Sie oder andere Familienmitglieder auf Tierhaare allergisch sind (→ Seite 51).

Einzeln oder zu zweit?
Meerschweinchen sind gesellige Tiere, die in der freien Natur in einer Sippe zusammenleben. Ist es da nicht artgerechter, sich gleich zwei Tiere anzuschaffen?

✔ Ein einzelnes Tier ist für ein Kind, das sich einen Spielkameraden wünscht, geeigneter. Es wird schneller zahm und schließt sich vertrauensvoll an. Wenn allerdings die Hausaufgaben oder andere Beschäftigungen zu viel Zeit in Anspruch nehmen, empfehle ich die Anschaffung eines zweiten Tieres (→ Seite 21).

✔ Ein Pärchen würde ich Ihnen nur anraten, wenn Sie züchten wollen (→ Seite 35). Sie müssen vier- bis fünfmal im Jahr mit Nachwuchs rechnen. Wohin dann mit den Jungen?

✔ Zwei Weibchen vertragen sich meist sehr gut (→ Seite 21).

✔ Zwei Männchen lassen sich ebenfalls zusammen im Käfig halten, vorausgesetzt, sie sind Geschwister oder wurden zusammengesetzt, als sie noch jung waren. Wenn sie während oder nach der Geschlechtsreife keinen Kontakt zu Weibchen hatten, verstehen sie sich im Erwachsenenalter ebenfalls gut. Dies gilt auch, wenn Sie ein junges Männchen einem älteren zugesellen wollen. Zwei erwachsene Männchen allerdings vertragen sich nie, auch nicht nach der Kastration (→ Seite 10).

ANSCHAFFUNG UND EINGEWÖHNUNG

Wie lieb und vorwitzig kann doch ein Meerschweinchen schauen! Und wenn es dazu noch ein Strupphaar ist, mit den ulkigen Haarwirbeln auf dem ganzen Körper, dann muß man einfach sein Herz an so ein Tierchen verlieren.

Wissenswertes über die Herkunft

Mit dem Schwein hat das Meerschweinchen, außer daß es quiekt, nichts zu tun. Vielmehr ordnete man es wegen des typischen Nagergebisses der großen Familie der Nagetiere zu. Aufgrund von Forschungen meinen jedoch einige Wissenschaftler, daß Meerschweinchen in einer neuen Ordnung zusammengefaßt werden sollten. Unangefochten hingegen ist die ursprüngliche Heimat der Tiere. Sie stammen aus Mittel- und Südamerika und lassen sich schon vor 40 bis 35 Millionen Jahren nachweisen. Der Wandel vom Wild- zum Hausmeerschweinchen hat lange, bevor Kolumbus Amerika entdeckte, stattgefunden, nämlich zwischen 9000 und 3000 v. Chr. Offenbar suchten die Tiere von sich aus in den menschlichen Behausungen Schutz und Wärme, ernährten sich von Küchenabfällen und wurden von den Menschen zuerst geduldet, dann gezüchtet und genutzt. Bei den Inkas waren sie nicht nur Fleischlieferanten, sondern dienten auch als Opfertiere für den Sonnengott. Braun- oder weißgescheckte Tiere waren besonders beliebt.

Die Stammform unseres Hausmeerschweinchens ist das im südlichen Mittelchile beheimatete Tschudi-Meerschweinchen. Es kommt in Höhen bis zu 4200 m vor und lebt in kleinen Gruppen von fünf bis zehn Tieren zusammen, die in Erdbauten leben. In Aussehen und Körperbau unterscheiden sie sich, bedingt durch die wasserarme, zellulosereiche Nahrung, wesentlich von unseren Hausmeerschweinchen. Doch an der Ernährungsweise an sich und in der Vermehrungsart hat sich nichts geändert (→ Typisch Meerschweinchen, Seite 4/5).

Wie das Meerschweinchen zu uns kam

Überliefert ist, daß holländische Kaufleute die possierlichen und zutraulichen Tiere gut zum Spielen für ihre Kinder fanden und sie um 1670 mit in die Niederlande nahmen. Sie kamen also über das Meer zu uns, was ihnen zu ihrem irreführenden, aber lustigen Namen verhalf. Bald begann man, mit ihnen zu züchten, und verkaufte sie nach England und Frankreich. Mit ihrer Verbreitung wuchs auch ihre Beliebtheit, und die hält immer noch an.

Ihr kleiner Hausgenosse braucht einen Unterschlupf, in den er sich zurückziehen kann.

Anschaffung und Eingewöhnung

Wo es Meerschweinchen gibt

Sie finden das Meerschweinchen Ihrer Wahl in allen guten Zoofachhandlungen sowie in den Zoofachabteilungen großer Kaufhäuser. Dort gibt es sie in vielen Farben und verschiedenen Haarstrukturen. Der Zoofachhändler kann Ihnen auch Rassemeerschweinchen besorgen und darüber hinaus nützliche Tips geben.
Einen guten Überblick über die Auswahl an Rassen gewinnen Sie übrigens beim Besuch einer Meerschweinchen-Ausstellung. Dort bekommen Sie auch Kontakt zu Züchtern. Nähere Auskünfte erteilt Ihnen der Verein Meerschweinchenfreunde Deutschland e.V. (→ Adressen, Seite 63).

Männchen oder Weibchen?

Ein Männchen oder Bock wird im allgemeinen größer und schwerer als ein Weibchen und ist auch lebhafter.
Ein Weibchen bleibt kleiner und soll anhänglicher sein, aber das hängt wohl vom jeweiligen Tier ab. Aufgepaßt: Beim Kauf eines Weibchens können Sie sich ein trächtiges Tier einhandeln (→ Geschlechtsreife, Seite 39).
Hinweis: Eine Kastration des Männchens empfiehlt sich nur, wenn Sie ein Pärchen halten, aber nicht dauernd Nachwuchs haben wollen.
Die Geschlechtsbestimmung ist beim jungen Meerschweinchen nicht ganz einfach. Überlassen Sie sie dem erfahrenen Zoofachhändler. Damit Sie es aber auch selbst wissen: Beim Männchen ist ein deutlicher Abstand zwischen Geschlechts- und Afteröffnung zu erkennen. Drückt man dem Tier in der Nähe der Analregion mit dem Zeigefinger vorsichtig auf den Bauch, tritt der Penis hervor. Beim Weibchen ist das Geschlechtsorgan ein länglicher Spalt in Y-Form, der sich bis zur Afteröffnung hinzieht.

Augen auf beim Kauf

Lassen Sie sich bei der Wahl viel Zeit und achten Sie vor allem auf folgendes:
1. Suchen Sie sich am besten ein Jungtier aus. Es ist kleiner als die Erwachsenen und sollte etwa fünf bis sechs Wochen alt sein. Ein weibliches Tier, das älter als zwei Monate ist, kann bereits trächtig sein (→ Seite 34).
2. Meerschweinchen sind gesellige Tiere. Beobachten Sie also, wie sich das Tier Ihrer Wahl zu seinen Artgenossen verhält. Sitzt es apathisch in einer Ecke, deutet das auf eine Krankheit hin.
3. Schauen Sie sich das Fell an. Starker Haarausfall, dünnes Fell und kahle Stellen sind Zeichen von Krankheit oder Alter.
4. Lassen Sie sich die Zähne des Meerschweinchens zeigen. Bei schlechter Zahnstellung müssen Sie später mit Schwierigkeiten rechnen (→ Seite 31).
5. Achten Sie auch auf Füße und Krallen (→ Seite 30).

Die Erdbeere schmeckt schon dem »Dreikäsehoch«.

Augen auf beim Kauf **11**

Das richtige Meerschweinchen auswählen

<u>Ein gesundes Meerschweinchen</u> hat
✔ einen rundum gut gepolsterten Körper und dichtes, glänzendes Fell,
✔ blanke Augen ohne Ausfluß,
✔ eine trockene Nase,
✔ saubere Ohren,
✔ eine saubere Afteröffnung
✔ und Füßchen, die auf der Unterseite nackt und ganz glatt sind.
Es ist munter und beweglich und »unterhält« sich mit seinen Artgenossen in den verschiedensten Lauten.
<u>Ein krankes Meerschweinchen</u> wirkt lustlos, apathisch und im Fell struppig. Wenn es dazu

Knackfrisches Grünfutter ist Meerschweinchens Lieblingsspeise.

✔ eingefallene Flanken,
✔ tränende, gerötete oder geschwollene Augen und Nasenausfluß,
✔ dunkelbraune Krusten an den Ohren,
✔ eine kotverschmierte Afterregion
✔ und entzündete Füßchen hat mit Krallen, die in verschiedene Richtungen wachsen, ist vom Kauf eines solchen Tiers abzuraten.
Hinweis: Bei Durchfall (erkenntlich am verklebten Fell um den After) sollten Sie auch kein anderes Tier aus demselben Käfig kaufen. Er kann ein Zeichen für ansteckende Infektionen sein.

12 Anschaffung und Eingewöhnung

TIP

Rechtsfragen zur Tierhaltung

Mietrecht: Sind im Mietvertrag keine Bestimmungen über die Tierhaltung enthalten, so ist grundsätzlich davon auszugehen, daß die üblichen Heimtiere in der Mietwohnung gehalten werden dürfen. Dies gilt erst recht für die Haltung von Meerschweinchen, denn diese Tiere sind nicht geeignet, eine Störung des Hausfriedens hervorzurufen. Der Mieter braucht daher keine Genehmigung. Nur wenn es sich um sehr viele Tiere handelt, muß man im Einzelfall prüfen, ob dadurch der Hausfrieden gestört wird.
Eigentumswohnung: Generell kann die Haltung von Meerschweinchen nur durch einstimmigen Beschluß der Wohnungseigentümer verboten werden.
Tierhalterhaftung: Für Schäden, die ein Meerschweinchen an Menschen oder Sachen verursacht, wenn es beispielsweise ein Kind beißt, ist der Tierhalter haftbar.
Kaufvertragsrecht: Der Kaufvertrag ist sowohl schriftlich als auch mündlich rechtsgültig. Stellt sich bei der Übergabe des Meerschweinchens ein Fehler (eine Krankheit) heraus, kann vom Kauf zurückgetreten bzw. der Kaufpreis gemindert werden. Voraussetzung hierfür ist jedoch, daß das Tier bei der Übergabe (und nur dann) krank war, was nicht immer zweifelsfrei festzustellen ist. Derartige Gewährleistungsrechte müssen innerhalb von 6 Monaten, von der Übergabe an gerechnet, geltend gemacht werden, da sie sonst verjähren.

Welche Rassen es gibt

Was in England und Holland schon lange ein beliebtes Hobby ist, findet auch hierzulande immer mehr Anhänger: die Zucht von Meerschweinchen. Da diese Tiere ja sehr nachwuchsfreudig sind (→ Seite 35), sollten Sie sich beizeiten informieren. Anerkannt sind die Rassen Glatthaar, English und American Crested, Rosette, Langhaar (Peruaner), Sheltie (Peruanisches Seidentier), Satin, Rex und Texel, seit neuestem auch Coronet, Teddy, Alpaka und Merino. Die folgenden Beschreibungen geben nur einen Überblick. Aufgrund der unterschiedlichen Standards weichen manche Farbbezeichnungen voneinander ab. Für detaillierte »Steckbriefe« wenden Sie sich bitte an Ihren Zoofachhändler oder an den Verein Meerschweinchenfreunde Deutschland e.V. (→ Adressen, Seite 62).

Glatthaar

Kurze, eng am Körper anliegende Haare. Die Grundfarbe ist einheitlich und sollte gleichmäßig über den ganzen Körper verteilt sein. Folgende Farben sind im Standard zugelassen:
Aguti: Sie gleichen ihren wildfarbenen Vorfahren am meisten. Die Färbung entsteht durch die zwei- bis dreifache Hell-Dunkel-Bänderung jedes einzelnen Haars, wobei die Haarspitze immer dunkel ist. Es gibt sie in Gold, Grau, Silber, Cinnamon (Zimtfarben) und Salm (Lachsfarben).
Einfarbig: Diese Meerschweinchen gelten als besonders kräftig und widerstandsfähig. Es gibt sie in Schwarz, Schokolade, Rot, Buff (Ockerfarben), Lilac, Beige, Gold und Weiß.
Mehrfarbig: Die verschiedenen Farben sind in bestimmten Musterungen auf dem Fell verteilt. Diese sogenannten Zeichnungsarten werden Brindle, Himalaya oder Russe, Holländer, Japaner, Schildpatt sowie Dreifarbig genannt.

Welche Rassen zur Wahl stehen 13

English und American Crested
Bei uns heißen sie Schopf-Meerschweinchen, doch das englische crested = gekrönt ist zutreffender. Die Tiere sind glatthaarig mit einer einzigen Rosette in der Mitte der Stirn. Bei den English Crested ist diese gleichfarbig, und anerkannt sind Aguti, alle einfarbigen Varianten sowie Weiß. Bei den American Crested ist die Rosette weiß, anerkannt sind nur Schwarz, Rot, Gold und Buff.

Rosette
Auch als Wirbelhaar oder Abessinisches Meerschweinchen bekannt, wachsen diesem Tier gleichmäßig auf dem ganzen Körper verteilt acht bis zehn Rosetten. Dadurch sieht es lustig und struppig aus und wird im Volksmund auch Strupphaar genannt. Anerkannt sind Rot, Schwarz, Weiß, Dreifarbig, Brindle, Schildpatt, Bunt, Schwarzschimmel, Rotschimmel und Mixed Schimmel.

Rex und Texel
Rex-Meerschweinchen haben gewelltes oder gelocktes Haar, das kurz, fein und weich in der Textur ist. Anerkannt sind die Farben Rot-Weiß und Buff.
Texel ist eine Kreuzung aus Sheltie und Rex. Am Kopf sind die Haare kurz und gekräuselt, am Körper lang und korkenzieherartig gewellt oder gelockt. Anerkannt sind die Farben Rot-Weiß und Rot.

Satin
Diese Meerschweinchen haben besonders seidige, glänzende Haare und ein sehr feines, dichtes Fell. Die Farben, die durch den Satinglanz intensiver erscheinen, sind Rot, Gold, Buff, Creme und Weiß. Ursprünglich nur als Normalhaar-Satin gezüchtet, gibt es inzwischen Rosetten, Crested, Peruaner, Shelties, Coronets und Teddies in Satin.

Langhaar (Peruaner)
Die langen, dichten und glänzenden Haare sind in Wirbeln über den ganzen Körper verteilt. Anerkannte Farben sind Rot, Schwarz, Weiß, Dreifarbig, Schildpatt und Rot-Bunt beziehungsweise Rot-Schwarz.

Sheltie (Peruanisches Seidentier)
Die Haare sind wie beim Langhaar, jedoch ohne Wirbel, so daß sie sich nach hinten legen. Anerkannte Farben sind Schwarz, Rot, Weiß, Schildpatt, Dreifarbig und Schwarz-Bunt beziehungsweise Rot-Bunt.

Ein Häuschen zum Schlafen und Draufklettern.

14 IM PORTRÄT:
MEERSCHWEINCHEN

Die verschiedenen Rassen unterscheiden sich hauptsächlich im Fell und in der Vielfalt ihrer Farben voneinander. Auch wenn die abgebildeten Tiere nicht unbedingt dem Standard entsprechen, sind sie doch liebenswert.

Foto rechts: Sheltie oder Peruanisches Seidentier, Creme-Schwarz-Weiß.

Foto unten: Langhaar-Meerschweinchen oder Peruaner, Rot, auch Angora genannt.

Foto unten: Rex, Weiß. Das Fell ist kurz, fein und weich in der Textur.

Foto oben: Rosette, Lilac-Weiß-Rot. Die Wirbel sind auf dem ganzen Körper verteilt.

Foto oben links: Glatthaar, Holländer, Rot-Weiß. Hinterteil und »Wangen« haben die gleiche Farbe.

Foto oben rechts: Texel, Rot. Die Haare sind lang und korkenzieherartig gewellt.

Foto oben: American Crested. Die Rosette auf dem Kopf ist weiß.

Foto rechts: English Crested Satin, Buff (links), und Satin, Rot (rechts). Der Satinglanz läßt die Farbe intensiver erscheinen.

16 Anschaffung und Eingewöhnung

Die richtige Behausung

Meerschweinchen stellen keine großen Ansprüche an ihre Behausung, sie muß nur geräumig sein. Der Zoofachhandel bietet Käfige in den verschiedensten Größen und Ausführungen an. Geeignet für ein Meerschweinchen ist ein Käfig mit einer Fläche von wenigstens 40 x 80 cm. Die Bodenschale sollte 10 bis 15 cm hoch sein, damit die Einstreu beim Scharren nicht hinausfliegt. Daß der Käfig für zwei oder mehr Meerschweinchen entsprechend größer sein muß, versteht sich von selbst.
Ein Oberteil aus Gitterstäben, das man seitlich oder oben aufklappen kann, ist zwar sehr praktisch, dafür fliegt aber leicht die Streu hinaus.

Wenn's ums Futter geht, steigt ein Meerschweinchen auch auf der Leiter in die Höhe.

Für die Kunststoffhaube spricht, daß das Meerschweinchen einen Rundumblick hat und die Streu nicht hinausgeschleudert wird. Dafür kann es darunter allerdings manchmal zu heiß werden.
Ungeeignet sind Pappkartons. Sie wären alsbald zernagt und vom Urin durchweicht. Aus demselben Grund ist auch von einer Holzkiste abzuraten, es sei denn, Sie versehen sie mit einer herausnehmbaren Kunststoff- oder Zinkblechschale.

Die richtige Behausung

Ein Häuschen zum Schlafen

Mit einem »Dach über dem Kopf« fühlt sich das Meerschweinchen beim Schlafen am wohlsten. Dafür eignet sich ein der Größe des Tieres entsprechendes Kästchen, in das ein Schlupfloch geschnitten ist. Im Zoofachhandel werden Häuschen aus Kunststoff, Holz oder Borke angeboten, wobei letztere vorzuziehen sind, da das Meerschweinchen daran auch seine Zähne abwetzen kann.

Futterraufen

Eine Futterraufe für Heu sollte in jedem Käfig vorhanden sein. Eine weitere empfiehlt sich für das Grünfutter, damit es nicht auf dem Boden herumliegt und von Kot und Urin verschmutzt wird. Futterraufen sind meistens bei einem Käfig mit dabei, können jedoch im Zoofachhandel auch einzeln gekauft werden. Praktisch sind solche mit einem Klappdeckel aus Holz. Das Meerschweinchen kann dann nicht in die Raufe hineinklettern, sie womöglich herunterreißen oder mit den Füßchen darin hängenbleiben. Dafür kann es sich oben draufsetzen und die Aussicht genießen.

Futternapf und Trinkautomat

Der Futternapf sollte aus glasiertem Ton oder Porzellan sein. Dann ist er standfest und kann nicht umfallen, wenn das Tier seine Pfoten daraufstellt. Schalen aus Kunststoff kippen leichter um. Wählen Sie den Napf auch nicht zu groß, sonst setzt sich das Tier hinein.
Die Nippeltränke aus Glas oder Kunststoff wird am Käfiggitter eingehängt und sollte ein Kugelventil haben, damit das Wasser nicht in den Käfig tropft. Das Meerschweinchen lernt sehr schnell, sich bei Bedarf tröpfchenweise daraus zu bedienen.

Checkliste
Ausstattung

1. Käfig von 40 x 80 cm Fläche mit Bodenschale (10 bis 15 cm hoch) und Gitter- oder Kunststoffoberteil.
2. Schlafhäuschen aus Holz oder Kunststoff.
3. Zwei Futterraufen, eine für Heu, eine für Grünfutter.
4. Biologische Kleintiereinstreu oder Sägespäne. Zur Bindung des Geruchs eine Schicht Katzenstreu auf den Käfigboden geben. Achtung: Wenn Ihr Meeerschweinchen daran knabbert, lieber darauf verzichten.
5. Futternapf aus glasiertem Ton oder Porzellan.
6. Trinkautomat zur Selbstbedienung.
7. Stroh zum Knabbern und Verkriechen.
8. Kamm und Bürste für die Fellpflege, vor allem von langhaarigen Meerschweinchen.
9. Für die Käfigmöblierung ein rauher, flacher Stein zum Abnutzen der Krallen, Äste zum Beknabbern, ein Blumentopf, um hineinzuschlüpfen oder darauf zu klettern.

PRAXIS EINGEWÖHNUNG

Zutrauen gewinnen

✔ In der neuen Umgebung ist Ihr frisch erworbener Hausgenosse sicher noch recht scheu. Sorgen Sie deshalb anfangs für möglichst viel Ruhe um den Käfig herum, damit sich das Meerschweinchen ohne Streß an seine neue Umgebung gewöhnen kann.

✔ Geben Sie lediglich frisches Grünfutter in die Raufe und Wasser in die Tränke.

✔ Lassen Sie im Käfig alles so, wie es ist, dann fühlt sich das Meerschweinchen schneller heimisch.

✔ Stellen Sie das Schlafhäuschen nicht von vornherein in den Käfig, sondern warten Sie, bis das Tier handzahm ist. Sonst bleibt es am Ende scheu und hält sich nur in seinem Versteck auf.

✔ Kinder sollten ihre Freunde, die den neuen Hausgenossen sehen wollen, auf später vertrösten.

Zum Beriechen Käfig an Käfig stellen.

Handzahm machen

Der erste Schritt: Strecken Sie dem Meerschweinchen unter sanftem Reden eine Möhre oder ein Apfelstückchen entgegen. Von seinem sicheren Schlupfwinkel im Heu aus wird es erst ein bißchen in die Richtung schnüffeln. Nach einer Weile überwindet es seine Angst und holt sich den Leckerbissen aus der Hand.

Der zweite Schritt: Hat sich das Meerschweinchen an den Geruch Ihrer Hand gewöhnt, können Sie es vorsichtig mit einem Finger am Kopf kraulen. Sitzt es ruhig da, streicheln Sie ihm sanft über den Rücken. Zuckt es auch da nicht mehr zurück, haben Sie sein Vertrauen gewonnen.

Aneinander gewöhnen

Zwei Tiere, die sich noch nicht kennen, sollten sich vorerst nur von Käfig zu Käfig beschnuppern können. Wie Artgenossen miteinander vertraut werden, ist auf Seite 21 ausführlich beschrieben.

Der dritte Schritt: Nun greifen Sie langsam und ruhig in den Käfig, fassen das Tier von unten, heben es heraus und setzen es sich auf den Schoß. Reden Sie immer nur mit gleichmäßig leiser Stimme auf das Meerschweinchen ein und bewegen Sie sich auch nicht heftig. Wenn Sie dabei immer wieder seinen Namen nennen, wird es sich mit der Zeit daran gewöhnen.

Hinweis: Je nach Meerschweinchen werden diese drei Schritte mehr oder weniger Zeit in Anspruch nehmen. Sie dürfen nur nicht die Geduld verlieren. Erklären Sie das auch Ihrem Kind, das sich ja einen Spielgefährten gewünscht hat. Es darf gewiß sein, daß selbst das scheueste Meerschweinchen mit der Zeit aus der Hand fressen wird.

Ein Meerschweinchen liebt es, aus der Hand gefüttert zu werden.

Handzahm machen 19

Wenn ein Meerschweinchen nicht zutraulich wird

Ganz selten gibt es Tiere, bei denen die eben beschriebene Methode erfolglos bleibt. Vielleicht haben sie in den ersten Wochen ihres Lebens Erfahrungen gemacht, deretwegen sie besonders scheu und ängstlich sind. Da hilft nur eines: Die Methode der »sanften Gewalt«. Dabei kommt Ihnen entgegen, daß das Meerschweinchen kein wehrhaftes Tier ist, sondern sich in Momenten der Gefahr lieber »totstellt« als angreift.

Und so gehen Sie vor:
✔ Nehmen Sie das Tier immer wieder auf den Schoß, streicheln Sie es und sprechen Sie

Das Tier mit beiden Händen gegen die Brust halten.

beruhigend und leise mit ihm.
✔ Geben Sie ihm sein Grünfutter oder besondere Leckerbissen nur aus der Hand und üben Sie sich in Geduld.
✔ Stellen Sie erst mal kein Schlafhäuschen in den Käfig, sondern polstern Sie ihn nur mit einer dicken Schicht Stroh aus. Da hinein kann es sich verkriechen und hat dann zwar für sich das Gefühl des Schutzes, kann sich aber nicht vollständig von seiner Umwelt abkapseln.

Erkundungsphase

Lassen Sie das Meerschweinchen den Raum kennenlernen, in dem es ab jetzt wohnt:
✔ Vorsichtig aus dem Käfig nehmen und danebensetzen.
✔ Eine Schale mit Streu als Toilette aufstellen.
✔ Beobachten, auf welchen »Trampelpfaden« das Tier seine Umgebung erkundet, und da und dort ein paar Leckerbissen deponieren.

Platz für den Käfig

✔ Er sollte hell, nicht zu warm und zugfrei sein und sich in einem Raum befinden, wo »Familienanschluß« gewährleistet ist.
✔ Den Käfig erhöht stellen, etwa auf einen stabilen Tisch oder eine Kommode, da es auf dem Boden meist zieht und Zugluft schädlich ist.

Bitte vermeiden:
✔ Pralle Sonne oder Nähe von Heizkörpern.
✔ Krach, laute Musik und Rauch.
✔ Dunkle und feuchte Kellerräume.

Hinweis: Oft steht der Käfig im Kinderzimmer. Wenn Freunde zu Besuch sind und es laut zugeht, daran denken, das Meerschweinchen für diese Zeit in einem anderen Raum unterzubringen. Es würde sonst zu sehr erschrecken.

Der Käfig muß geräumig sein.

Heu sollte immer im Käfig sein.

Selbstbedienung an der Nippeltränke.

DER RICHTIGE UMGANG IM ALLTAG

Gutmütig und liebenswert ist unser Meerschweinchen. Sorgen Sie für eine artgerechte Haltung, gute Fütterung und liebevolle Pflege, dann wird ihr kleiner Liebling ein langes und zufriedenes Dasein führen.

Das neue Zuhause

Am besten bringen Sie das Meerschweinchen in seiner kleinen Transportschachtel oder in einem Körbchen so schnell wie möglich nach Hause. Die ungewohnte Situation wird ihm sicherlich angst machen; halten Sie also den Streß des Transports so gering wie möglich.

Zu Hause angekommen, stellen Sie das Transportkistchen in den Käfig, öffnen es und lassen das Meerschweinchen von selbst herauskommen. Mehr brauchen Sie vorerst nicht zu tun.

<u>Im Käfig sollte sein:</u> eine dicke Heu- oder Strohlage, zimmerwarmes Wasser in der Nippeltränke, ein wenig Körnermischfutter im Napf, ein Viertel Apfel und eine Karotte. Im Heu kann sich das Tier verkriechen und von diesem sicheren Schlupfwinkel aus alles in Ruhe beobachten.

Wie Sie Ihrem Meerschweinchen helfen können, sich einzugewöhnen und handzahm zu werden, ist in der PRAXIS Eingewöhnung auf den Seiten 18 und 19 beschrieben.

Wer bist du? Mit der Nase nehmen die Tiere Kontakt auf und erkennen einander am Duft.

Vertraut werden mit Artgenossen

Wollen Sie den neuen Hausgenossen einem bereits alteingesessenen Meerschweinchen zugesellen, müssen Sie behutsam vorgehen. Vielleicht hat der Neuankömmling eine Krankheit, die noch nicht zum Ausbruch gekommen ist. Es empfiehlt sich also, ihn drei Wochen lang in einem anderen Käfig unterzubringen, bis sich gezeigt hat, daß er auch wirklich gesund ist. Zum Aneinandergewöhnen gehen Sie so vor:

✔ Anfangs Käfig an Käfig stellen, so daß sich die Tiere sehen und beschnuppern können (→ Praxis Eingewöhnung, Seite 19). Später die Käfigtüren öffnen, dann haben sie die Möglichkeit, sich zu besuchen, behalten aber ihren Heimvorteil.

✔ Beide Meerschweinchen auf den Schoß nehmen, streicheln und sich beschnuppern lassen.

✔ Wenn sich die Tiere vertragen, in einen Käfig setzen. Eventuell vorher beide Meerschweinchen mit feuchtem Stroh abreiben. Damit ist für einige Zeit der jeweilige Eigengeruch unterdrückt, das heißt, die Tiere riechen gleich und tun sich nichts.

Hinweis: Weibchen verstehen sich in der Regel sehr gut, dennoch kämpfen auch sie anfangs um die Rangordnung. Das legt sich jedoch

Der richtige Umgang im Alltag

rasch. Manchmal entbrennt Streit um das Haus. Bieten Sie ein geräumiges Schlafhäuschen an, das vorne und hinten einen Ausgang hat (→ Bild unten). Voraussetzung bei allem ist natürlich ein ausreichend großer Käfig (→ Seite 16).

Meerschweinchen und Kinder

Ein Meerschweinchen ist das ideale Kindertier. Es ist gesellig, mag gern gestreichelt und geknuddelt werden und wird um so lebhafter und aufgeweckter, je mehr Ansprache es hat. Dennoch wird es nicht sofort klappen mit der Liebe. Zuerst muß der Neuankömmling ja Zutrauen gewinnen. Jetzt sollten Sie vermitteln und Ihrem Kind erklären, warum alles seine Zeit braucht. An soviel Neues hat sich der kleine Quieker zu gewöhnen, auch ans Streicheln und Geknuddeltwerden.

Erziehen Sie Ihr Kind konsequent zur Mitverantwortung beim Füttern, Stallsäubern, bei der Pflege und kleinen Erledigungen. Überlassen Sie ihm das Tier aber nicht blindlings, sondern vergewissern Sie sich hin und wieder, ob es noch munter umherwuselt und regelmäßig frißt. Ein verändertes Verhalten weist nämlich meistens auf eine Gesundheitsstörung hin, die Kinder vielleicht nicht gleich erkennen können.

Hinweis: Schon manches Meerschweinchen ist von Kinderhänden aus lauter Liebe totgedrückt worden. Es wehrt sich nämlich nicht, kratzt und beißt nicht, zappelt nicht so heftig wie ein Kaninchen und kann auch nicht so gewandt hinunterspringen wie eine Katze. Machen Sie das Ihrem Kind begreiflich, damit es nicht die Erfahrung machen muß, daß das Tier durch seine Schuld umgekommen ist.

Gemeinschaft mit anderen Heimtieren

Meerschweinchen sind reine Fluchttiere und damit wehrlos. Deshalb darf man sie nicht mit Tieren zusammentun, die ihnen gefährlich werden können. Mit wem es geht beziehungsweise nicht geht, ist im folgenden beschrieben.

Mit Zwergkaninchen bilden Meerschweinchen oft eine ideale Wohngemeinschaft. Meist beschützt das Kaninchen seinen kleinen Freund, kuschelt mit ihm und schleckt ihn ab. Manchmal funktioniert die Freundschaft aber auch nicht. Ein männliches Zwergkaninchen, das beizeiten kastriert wird, ist auf jeden Fall besser geeignet. Weibliche Tiere können durch ihr besitzergreifendes Verhalten das Meerschweinchen unter Umständen zu sehr in die Ecke drängen.

Einen Hund kann man daran gewöhnen, das Meerschweinchen als Hausgenossen zu akzeptieren, vor allem, wenn sie jung zusammengekommen sind. Ist Ihr Hund schon ei-

Zwergkaninchen und Meerschweinchen sind meistens sehr gute Freunde.

Meerschweinchen und Kinder 23

ne Weile bei Ihnen, ist eine Schritt-für-Schritt-Gewöhnung notwendig.
Eine Katze betrachtet das Meerschweinchen erstmal als Beutetier, kann es bös verletzen und sogar töten. Wachsen die beiden jedoch zusammen auf, vertragen sie sich meist gut. Meerschweinchen, die auf dem Balkon oder im Freigehege gehalten werden, müssen vor Katzen immer geschützt sein.
Goldhamster sind Einzelgänger. Im allgemeinen können sich Meerschweinchen gegen ihre Angriffslust nicht zur Wehr setzen.
Vögel stibitzen dem Meerschweinchen oft das Futter. Wellensittiche knabbern gerne an seinen Ohren. Papageien sowie größere Sittiche sind schnell eifersüchtig und hacken dann nach ihm.

Eine Raufe voll mit frischem Wiesenheu ist das »tägliche Brot« für Ihr Meerschweinchen.

Auslauf in der Wohnung

Meerschweinchen sind quicklebendige Tiere. Ungeachtet ihres plumpen Körperbaus bewegen sie sich flink und leichtfüßig, liefern sich wilde Verfolgungsjagden und veranstalten Hindernisrennen. Allerdings müssen Sie Ihrem Tier die Möglichkeit dazu bieten.
Worauf beim Auslauf zu achten ist:
✔ Wertvolle Teppiche und Möbel sollten sich nicht im Zimmer befinden, denn sie könnten angenagt und verschmutzt werden.

10 Goldene Regeln
des richtigen Umgangs

1 Wenn Sie Ihrem kleinen Quieker etwas Gutes tun wollen, halten Sie ihn von vornherein zusammen mit einem anderen Meerschweinchen.

2 Sprechen Sie immer leise mit dem Tier und gewöhnen Sie es mit einer Leckerei an Ihre Hand.

3 Zum Hochheben fassen Sie das Meerschweinchen mit der einen Hand von unten her um die Brust und stützen mit der anderen sein Hinterteil.

4 Kinder halten es beim Tragen am besten mit beiden Händen gegen ihre Brust.

5 Greifen Sie niemals unvermutet nach dem Tier, sonst erschreckt es sich zu Tode.

6 Gewähren Sie Ihren Meerschweinchen regelmäßig Freilauf, damit sie ihren Bewegungsdrang und ihre Neugier austoben können.

7 Seien Sie tolerant, wenn ein Meerschweinchen nicht völlig stubenrein wird. Treffen Sie lieber Vorkehrungen, um die Verschmutzung so gering wie möglich zu halten.

8 Durch eine ideenreiche »Möblierung« können Sie Meerschweinchen auch im Käfig auf Trab halten.

9 Wichtig ist eine nährstoffhaltige und abwechslungsreiche Fütterung und regelmäßige Mahlzeiten. Sorgen Sie dafür, daß Ihre Meerschweinchen nicht aus Langeweile fressen, sondern natürlich und artgerecht ihren Hunger stillen.

10 Käfig und Zubehör müssen regelmäßig gereinigt werden, sonst bilden sich Bakterien, die das Meerschweinchen infizieren können.

Stubenreinheit und Auslauf

✔ Elektroleitungen dürfen nicht erreichbar sein. Meerschweinchen knabbern daran, und das kann tödlich enden. Auch Telefonkabel werden benagt.
✔ Eine flache Schale mit Streu als Meerschweinchen-Toilette mit ins Zimmer stellen.
✔ Keine Zeitungen und Bücher herumliegen lassen. Meerschweinchen machen sich mit Vorliebe über Papier her. Auch Tapeten sind vor ihnen nicht sicher.
✔ Für eine abwechslungsreiche Umgebung sorgen. Mit Winkeln und Nischen, erhöhten Plätzchen (umgedrehter Blumentopf) oder kleinen Hindernissen eine Spiellandschaft schaffen (→ PRAXIS Beschäftigung, Seite 48/49).

Die Sache mit der Stubenreinheit

Nicht jedes Meerschweinchen läßt sich zur Sauberkeit erziehen. Das muß ganz offen gesagt werden. Das eine Tier begreift schnell, bei anderen dauert es länger, und je jünger, desto besser die Aussichten auf Erfolg. Und so gehen Sie vor:
✔ Stellen Sie schon beim ersten Auslauf eine flache, mit Katzen- oder Käfigeinstreu gefüllte Plastikschale im Zimmer auf und geben Sie ein paar Kotkügelchen hinein.
✔ Setzen Sie das Meerschweinchen immer mal wieder hinein.
✔ Hat es woanders sein Geschäft verrichtet, die Böhnchen aufsammeln, in die Schale geben und das Meerschweinchen daraufsetzen.
✔ Schreien Sie es nicht an, und geben Sie ihm keinen, wenn auch noch so zarten Klaps. Das würde das Tier nur verstören und ihm die Gewöhnung an die Sauberkeit erschweren.
✔ Beobachten Sie, ob es eine Lieblingsecke hat, und stellen Sie dort die Kloschale auf.
✔ Belohnen Sie das Tier jedesmal, wenn es die Toilette benutzt, mit einem Leckerbissen.
✔ Pfützen auf Fußboden oder Teppich können Sie mit Essigwasser reinigen. Das desinfiziert,

Auch im Freigehege brauchen Meerschweinchen einen Unterschlupf als Schutz vor Regen, Sonne, Wind und Feinden.

außerdem ist der Geruch nicht angenehm für die Tiernase. Kotkügelchen lassen sich, wenn sie trocken sind, gut aufkehren oder -saugen.
Hinweis: Darf das Tier in der ganzen Wohnung frei laufen, ein Klo in jedem Zimmer aufstellen. Schlupfwinkel unter Betten, Schränken etc. zustellen oder mit Zeitungen auslegen.

Sommerfrische auf dem Balkon

Wenn Sie einen Balkon besitzen, richten Sie Ihrem Meerschweinchen im Freien sein Zuhause so ein, daß es sich vom Frühjahr bis zum Spätherbst dort wohl fühlt. Beachten Sie vorher folgende Dinge:
<u>Sicherheit:</u> Ein Balkongitter oder eine Brüstung, die nicht bis zum Boden reicht, sichern Sie mit einem Maschendraht, der fest am Boden aufliegt und etwa 50 cm hoch ist. Wenn Sie sie

Der richtige Umgang im Alltag

mit Holzbrettern verschalen, ist das Meerschweinchen auch vor Zugluft geschützt.
<u>Schutz:</u> Er ist wichtig gegen Wind, Regen und starke Sonneneinstrahlung. Einen kalten Betonboden mit alten Teppichfliesen oder einer Naturgrasmatte auslegen.
<u>Katzen:</u> Ein Balkon im Erdgeschoß ist eventuell für fremde Katzen zugänglich. Sichern Sie ihn mit einem feinen Netz. Manche Vermieter erheben dagegen Einwände; klären Sie das vorher.
<u>Temperaturwechsel:</u> Wenn das Tier nicht im Freien überwintert, müssen Sie es beim Wechsel von drinnen nach draußen oder umgekehrt an die jeweilige Temperatur gewöhnen. Es erkältet sich sonst. Zuerst nur in den warmen Mittagsstunden hinaussetzen und nachts wieder hereinholen; im Herbst nicht sofort in einen geheizten Raum bringen.
<u>Fütterung:</u> Wie sonst auch zweimal täglich frisches Futter und Wasser (→ Seite 32/33).
Hinweis: Zum Übernachten braucht das Tier sein Schlafhäuschen, für die Sauberkeit die Schale mit Streu als Toilette.

Freigehege

Als Gartenbesitzer können Sie Ihrem Liebling draußen regelmäßig Auslauf bieten oder ein ständiges Zuhause einrichten, vor allem, wenn Sie mehrere Tiere halten. Allerdings ist dann die Bindung zum Menschen nicht mehr so eng. Im Zoofachhandel sind fertige Gehege erhältlich. Es muß solide sein und fest stehen, damit die Meerschweinchen nicht hinaus-, Ratten und Wiesel nicht hineinschlüpfen können. Sichern Sie es mit einer Abdeckung gegen Gefahr von oben (Raubvögel, Katzen, Marder).

Als Schutz vor Regen, Sonne, Wind und Feinden brauchen die Tiere einen Unterschlupf mit festem Boden und abnehmbarem oder aufklappbarem Dach, sonst kann das alte Stroh nicht entfernt werden. Das Schlupfloch mit Schieber oder Klappe verschließbar machen oder mit einem Jutesack verhängen. Die Raufe fürs Heu und die Nippeltränke nicht vergessen.
Hinweis: Meerschweinchen können auch im Freien überwintern. Sie müssen jedoch daran gewöhnt sein und nicht erst im Oktober nach draußen gesetzt werden. Den Stall gegen Zugluft schützen, mit Styropor isolieren und dick mit Stroh und Heu auspolstern.

Die Holzleiter sorgt für genügend Bewegung im Käfig.

Gefahren für das
Meerschweinchen

Gefahren für das Meerschweinchen

Gefahr	Gefahrenquelle	Vermeiden von Gefahr
Abstürzen	Balkon Tisch	Mit Drahtgitter oder Brettern sichern. Nicht ohne Aufsicht frei laufen lassen.
Einklemmen	Türen	Nicht unbedacht öffnen und schließen.
Hitzschlag	Sonne, Heizung	Käfig nie in praller Sonne oder direkt neben der Heizung stehenlassen.
Katzen, Hunde, Marder, Raubvögel	Balkon, Freigehege	Netz oder Maschendraht spannen, damit das Meerschweinchen vor seinen natürlichen Feinden sicher ist.
Stromschlag	Elektrokabel	Leitungen unter Putz verlegen, Kabel nicht herumliegen lassen, bei Auslauf Stecker ziehen.
Verbrennen	Heiße Gegenstände	Nicht in der Nähe von Herd oder Toaster oder brennenden Kerzen laufen lassen. Auch Zigaretten und Kippen bergen eine Gefahr.
Vergiften	Giftige Zimmerpflanzen Gebeiztes und lackiertes Holz	Auf giftige Pflanzen in der Umgebung des Meerschweinchens verzichten. Nur mit giftfreien Farben behandeltes Material verwenden.
Verletzen	Tritt durch Menschenfuß	Vorsicht beim Auslauf. Das Meerschweinchen stets im Auge behalten.

Der richtige Umgang im Alltag

TIP

Probleme bei Langhaar-Rassen

Sägespäne als Einstreu zu verwenden empfiehlt sich in diesem Fall nur bedingt, da diese in den langen Haaren hängenbleiben. Besser nehmen Sie Sägespäne nur als Untergrund, und legen darüber eine dicke Schicht Stroh oder Heu. Filzknoten, die sich immer wieder bilden, zuerst mit den Fingern in kleine Partien teilen, dann mit einem Stielkamm auflösen. Gelingt das nicht, den Knoten mit Hilfe eines Trennmessers aufschneiden. Achtgeben, daß Sie dabei nicht die Haut des Tieres verletzen. Damit Filzknoten möglichst gar nicht entstehen, sollten Sie die Haare auf Bodenlänge kürzen. Wollen Sie sie jedoch sehr lang wachsen lassen, bleibt nichts anderes übrig, als die Haare auf Papierwickler aufzurollen.

Die kleinen Macken

Teppich- und Tapetenfressen: Leider kann man einem Meerschweinchen kaum das Nagen abgewöhnen. Es folgt ja seinem natürlichen Nagetrieb, der für das Abwetzen der Zähne wichtig ist (→ Seite 31). Gehen Sie besser weitgehend auf seine Bedürfnisse ein, damit es das unterläßt, was Sie nicht wollen. Lassen Sie nichts Papierartiges in Reichweite des Tieres herumliegen. Versperren Sie die bevorzugten Stellen mit Möbelstücken. Verjagen Sie das Tier beim Freilauf mit Händeklatschen, wenn es sich der bestimmten Stelle an der Tapete nähert. Erwischen Sie es in flagranti, muß es zurück in den Käfig, sozusagen zur Strafe. Vielleicht merkt es sich mit der Zeit den Zusammenhang. Als Ausgleich viel trockenes Brot oder Äste anbieten.

Gitternagen: Wenn das Meerschweinchen trotz genügender Knabberangebote am Käfiggitter nagt, kann das verschiedene Ursachen haben. Vielleicht langweilt es sich und möchte hinaus. Oder dieses Verhalten hat mit der Gegenwart eines anderen Meerschweinchens zu tun. Beispielsweise ein Männchen wittert ein Weibchen. Oder zwei Männchen sitzen in getrennten Käfigen nebeneinander, und weil sich jedes mit dem Rivalen messen will, beginnen sie sozusagen mit dem Zähnewetzen. Vielleicht ist das Tier aber auch nur hungrig und kann die Fütterungszeit kaum erwarten. Versuchen Sie, ihm die dumme Angewohnheit abzugewöhnen. Sie können zum Beispiel die Gitterstäbe mit Essig oder einem anderen Geschmack, der dem Tier zuwider ist, einreiben. Oder Sie ersetzen das Käfiggitter durch ein Kunststoffoberteil (→ Seite 16).

Säen Sie Grünfutter im Topf selbst an, dann ist es immer frisch.

Die Macken des Meerschweinchens

Auf dem Trinkröhrchen herumkauen: Manche Meerschweinchen zeigen dieses »rüpelhafte« Verhalten. Wenn Ihr Tier diese Unart an den Tag legt, hilft nichts anderes, als die Nippeltränke aus dem Käfig zu nehmen und das Wasser jeden Tag frisch im Napf zu reichen.

Fell benagen: Wenn ein Langhaar-Meerschweinchen dem anderen Löcher ins Fell nagt, hat das entweder mit Langeweile zu tun, oder es fehlen andere Nageangebote. Selten ist es eine angeborene Verhaltensstörung.
Läßt sich das Tier von dieser »Liebhaberei« durch nichts abbringen, müssen Sie es einzeln halten oder mit einem Kurzhaar zusammentun. Bei dessen »Frisur« kann es keinen Schaden anrichten.

An einem rauhen Stein nützen sich die Krallen ganz natürlich ab.

Übermäßiges Trinken: Ein Meerschweinchen, das übermäßig viel trinkt, ist vielleicht krank und hat Fieber. Wenn das nicht der Grund ist, überlegen Sie, ob das Tier lange kein Grünfutter bekommen hat. In diesem Fall geben Sie ihm Salat oder Obst zu fressen oder sammeln frische Kräuter (→ Seite 33).
Möglicherweise trinkt der kleine Racker aber nur aus Langeweile. Ist das zweifelsfrei die Ursache, sollten Sie die Flasche aus dem Käfig nehmen und nur kurz zu bestimmten Zeiten wieder einhängen.

PRAXIS PFLEGE

> **Pflegeutensilien**
> ✔ 1 weitzinkiger Stielkamm
> ✔ 1 Drahtbürste mit Kunststoffkappen
> ✔ 1 weiche Kleintierbürste
> ✔ 1 Trennmesser für Haarknoten

Meerschweinchen putzen sich regelmäßig und gründlich. Doch von Ihnen liebevoll und sanft gekämmt und gebürstet werden mögen sie auch sehr gern. Regelmäßige Fellpflege dient der Sauberkeit und Hautmassage sowie der Früherkennung von Ungeziefer und Hautkrankheiten.

Fellpflege für Kurzhaar
Normalhaar- und Rosetten-Meerschweinchen müssen nur während des Fellwechsels, meist im Frühjahr und Herbst, zweimal wöchentlich gebürstet werden.

Fellpflege für Langhaar
Langhaar-Meerschweinchen brauchen tägliches Kämmen und Bürsten. Gewöhnen Sie Ihr Meerschweinchen von klein auf daran. Nehmen Sie das Tier auf den Schoß mit einem Tuch darunter. Das Haar mit dem langzinkigen Kamm entwirren. Vorher mit Nerzölspray einsprühen, dann ziept es weniger. Mit der weichen Bürste bürsten, bis das Fell glänzt. Verklebtes und verfilztes Fell, besonders am Hinterteil, ausschneiden oder mit Entfilzungs-Shampoo für Katzen (im Zoofachhandel) waschen. Danach fönen.
Hinweis: Baden nur, wenn unbedingt notwendig, in lauwarmem Wasser und mit einem milden Baby-Shampoo. Das Meerschweinchen sorgfältig abtrocknen und vor Zugluft schützen, da es sich schnell erkältet.

Krallen schneiden
Im Käfig wachsen Krallen oft schneller, als sie sich abnützen. Kürzen Sie sie, wenn notwendig. Die richtigen Handgriffe erst mal vom Tierarzt oder Zoofachhändler zeigen lassen.

Den Schnitt dem Krallenprofil anpassen.

✔ Damit das Horn nicht splittert, eine Spezialzange verwenden (im Zoofachhandel erhältlich).
✔ Innerhalb der Krallen verlaufen zusammen mit den Nervenenden Blutgefäße, die nicht verletzt werden dürfen. Schneiden Sie kurz davor

Auf die Blutgefäße achten.

und zwar schräg nach unten. So ist der Schnitt dem Krallenprofil angepaßt.
✔ Kürzen Sie vorsichtshalber nicht zu stark. Berücksichtigen Sie außerdem, daß die Krallen

Langhaarmeerschweinchen müssen täglich gekämmt werden.

Zahnkontrolle Augen und Ohren

Zahnkontrolle

Da die Zähne von Meerschweinchen ständig nachwachsen, müssen sie sich durch hartes Futter, zum Beispiel altes Brot, Knabberbrötchen, Nagestangen (beides im Zoofachhandel erhältlich) oder Zweige auf natürliche Weise abnutzen.

Angeborene Gebißfehlstellung: Sie kommt leider häufiger vor. Die Schneidezähne reiben sich nicht so aneinander, wie notwendig, um sich selbständig abzunutzen, sondern wachsen unaufhaltsam. Sie müssen dann vom Tierarzt alle zwei bis drei Monate gekürzt werden.

Die Zähne sollten so stehen, daß sie sich gegenseitig abwetzen.

unterschiedlich lang sein können. Wenn es doch blutet, einen Wattebausch mit Desinfektionsmittel auf die Wunde pressen.
✔ Bei dunklen Krallen sind die Blutgefäße nur sehr schlecht zu erkennen. Arbeiten Sie am besten zu zweit: Der eine hält das Meerschweinchen und leuchtet von unten mit einem Punktstrahler (Kugelschreiber-Taschenlampe) gegen die Krallen, der andere schneidet.

Ohren mit einem Papiertaschentuch vorsichtig auswischen.

Ohren säubern

Auch die Ohren sollten Sie regelmäßig kontrollieren. Befreien Sie, wenn nötig, die Ohrmuschel vorsichtig mit einem Papiertaschentuch von Staub und Schmutz. Auf keinen Fall mit einem Wattestäbchen reinigen! Unsaubere, übelriechende Ohren können von Ohrmilben befallen sein. Man erkennt die Krankheit daran, daß das Tier seinen Kopf zu der Seite des erkrankten Ohrs neigt. Wenn Ihnen das auffällt, sollten Sie umgehend den Tierarzt aufsuchen.

Augen reinigen

Leichte Verkrustungen in den Augenwinkeln entfernen Sie am besten mit einem angefeuchteten, weichen Papiertaschentuch. Achten Sie aber darauf, daß Sie dabei immer von außen nach innen wischen. Plötzlicher, reichlicher Tränenfluß deutet auf eine Entzündung oder Verletzung hin, die unbedingt der Tierarzt behandeln sollte.

Ein sauberer Käfig

<u>Täglich</u> Futternapf mit heißem Wasser reinigen. Kein Spülmittel verwenden. <u>Zweimal wöchentlich</u> Trinkautomat mit Flaschenbürste gut ausputzen. <u>Einmal in der Woche</u> Käfig reinigen. Einstreu ist kompostierbar, Katzenstreu kommt in die Mülltonne. Bodenschale mit Allzweckreiniger schrubben. Urinstein mit Essig- oder Zitronensäure lösen und mit Spachtel oder Bürste entfernen. Sorgfältig mit Wasser nachspülen. Rückstände von Reinigungsmitteln verursachen Hautverätzungen. <u>Einmal im Monat</u> (Wenn notwendig, natürlich öfter). Oberteil mit heißem Wasser abbrausen.

VERSORGUNG IM URLAUB

Zu Hause lassen: Mit ausreichend Wasser, Trockenfutter und Heu kann das Tier ein bis zwei Tage allein bleiben. Bei längerer Abwesenheit muß jemand es zuverlässig versorgen. Pflegeanleitung und Tierarztadresse hinterlassen.

Mitnehmen: Für kurze Fahrten genügt ein fester Karton mit Luftlöchern. Mit einer dicken Zellstoffschicht und Einstreu versehen, damit kein Urin durchdringt. Für weite Strecken ist ein Kennel geeigneter (im Zoofachhandel erhältlich). Während der Reise vor Zugluft und praller Sonne schützen. Vorher in Hotel oder Pension anfragen, ob Meerschweinchen erwünscht sind. Bei Auslandsreisen rechtzeitig an Formalitäten für den Grenzübertritt denken.

Hinweis: Meerschweinchen können auf einen plötzlichen Klimawechsel empfindlich reagieren. Überlegen Sie vorher, ob Sie dem Tier diesen Streß zumuten wollen.

In Pflege geben: Hierfür bieten sich liebe Nachbarn, Freunde oder Verwandte an. In den meisten Zoofachgeschäften und in Tierheimen ist eine Unterbringung ebenfalls möglich.

Gesunde Ernährung

Meerschweinchen »mäkeln« nicht am Essen herum. »Sie fressen die verschiedensten Pflanzenstoffe, von der Wurzel bis zu den Blättern, Körner ebenso wie frische, saftige Pflanzen«, heißt es schon in »Brehms Tierleben«. Schwierig ist es also nicht, seinen kleinen Liebling zu ernähren. Allerdings haben Meerschweinchen einen bestimmten Bedarf an Eiweiß, Kohlenhydraten, Fett, Mineralien und Vitaminen, das heißt, auf ihrem Speisezettel sollte Abwechslung herrschen. Zudem brauchen sie neben dem richtigen Futter auch viel Bewegung. Tiere, die ständig nur im Käfig hocken, fressen aus lauter Langeweile mehr, als ihnen guttut. Haben sie jedoch genügend Auslauf, stillen sie ihren Hunger nur nach Bedarf.

Grundnahrung Heu

Heu ist das »tägliche Brot« für Meerschweinchen. Im Winter könnten sie sogar ausschließlich von Heu und Wasser leben, wenn Frischfutter rar ist. Im Zoofachhandel gibt es Heu abgepackt zu kaufen.

Beachten Sie beim Kauf:

✔ Hochwertiges Heu enthält den Schnitt von jungen Gräsern, Klee und Kräutern. Es riecht aromatisch und ist leicht grünlich.

✔ Grummet ist die Bezeichnung für das Heu vom zweiten Schnitt.

✔ Minderwertiges Heu ist entweder zu alt, oder ihm fehlen die wertvollen Kräuter. Altes Heu staubt stark, was das Tier zum Niesen reizt. Gelbliches, fauliges oder schimmeliges Heu ist schädlich.

Hinweis: Außer Wiesenheu frißt ein Meerschweinchen auch sehr gern Klee- und Luzernenheu, Bohnen- und Erbsenstroh und vor allem Heu aus Brennesseln. Es enthält besonders viele Nährstoffe und sorgt für ein schönes Fell.

Gesunde Ernährung 33

Grün- und Saftfutter

Frische Futterpflanzen, Gemüse und Obst haben einen hohen Nährstoffgehalt und sind reich an Eiweiß, Kalzium und Vitamin C, das dem Meerschweinchen zugeführt werden muß.

Aus Küche und Garten ist die Auswahl reich. Äpfel, Bananen, Erdbeeren, Kiwi, Melone, Weintrauben, die meisten Salatsorten, Karotten, Paprika, Petersilie sind gut geeignet; Zitrusfrüchte und Steinobst wegen ihres hohen Vitamin-C-Gehaltes, aber nur wenig. Kopfsalat ist sehr nitratbelastet, Kohl und Birnen blähen. Giftig sind Kartoffelkeime und rohe Bohnen.

Hinweis: Frische Futterpflanzen wie Ackerschachtelhalm, Löwenzahn, Gras, Huflattich, Schafgarbe, Spitzwegerich und Luzerne nicht dort pflücken, wo viele Autos fahren oder Hunde ausgeführt werden.

Fertigmischfutter

Es wird als Kraftfutter im Zoofachhandel angeboten und enthält Getreide, Haferflocken, Mais, Erdnüsse, Sonnenblumenkerne sowie vitaminisiertes und mineralisiertes Preßheu (Pellets). Letztere eignen sich auch als Alleinfutter, wenn Sie für ein bis zwei Tage verreist sind.

Ein bis zwei Eßlöffel täglich genügen, jedoch nicht mehr als 10 bis 20 g, da das Tier sonst leicht zu fett wird. Wenn es gleichzeitig viel Grünzeug futtert, reicht sogar noch weniger.

Hinweis: Manche Meerschweinchen sind in Körnerfutter regelrecht vernarrt. Lassen Sie sich durch ihr Betteln und Quieken nicht erweichen. Ein zu fettes Tier stirbt früh.

Knabberkost

Meerschweinchen brauchen viel zum Nagen, damit sich die dauernd nachwachsenden Zähne genügend abnutzen (→ Seite 31). Im Zoofachhandel wird eine Vielfalt von Knabberkost in den verschiedensten Geschmacksrichtungen angeboten. Hartes Brot ohne Konservierungsstoffe, das nicht angeschimmelt oder gesalzen sein darf, eignet sich ebenfalls. Legen Sie auch hin und wieder Zweige in den Käfig, zum Beispiel von Birke, Weide oder Obstbäumen.

Hinweis: Keine gespritzten oder gefrorenen Zweige reichen.

Trinkwasser

Manche Leute meinen, Meerschweinchen brauchten kein Wasser, da sie nicht viel trinken. Das ist jedoch falsch. Ihr Liebling sollte in seiner Trinkflasche immer Wasser haben. So kann er selbst entscheiden, wann und wieviel er trinken mag. Etwas abgestandenes Leitungswasser ist besser als frisches. Stark gechlortes Wasser abkochen oder Mineralwasser reichen. Auch Kamillentee wird angenommen.

Hinweis: Milch, selbst verdünnt, verursacht Durchfall beim Tier.

Das Salatblatt waschen und gut trocknen, bevor Sie es Ihrem Meerschweinchen reichen.

Der richtige Umgang im Alltag

Obst darf auf dem täglichen Speiseplan des Meerschweinchens nicht fehlen.

Vitamine und Mineralien

Ein Salzleckstein bietet dem Meerschweinchen die richtigen Salze im entsprechenden Mischungsverhältnis. Nicht jedes Tier leckt daran, doch sollte immer frisches Wasser parat stehen. Hängen Sie den Leckstein an die Gitterstäbe, denn auf dem Boden wird er unter Umständen vom Urin aufgeweicht.

Vitaminpräparate finden Sie im Zoofachhandel. Bei gesunder und abwechslungsreicher, besonders Vitamin-C-haltiger Nahrung sind sie nicht unbedingt notwendig.

Im Winter hingegen ist eine zusätzliche Vitamingabe für das Meerschweinchen wichtig, da in dieser Zeit im Gemüse und Obst wenig natürliche Vitamine enthalten sind.

Wenn Meerschweinchen Junge bekommen

Meerschweinchen bescheren ihrem Besitzer mit Leichtigkeit Nachwuchs. Gar nicht so selten kommt es vor, daß man bereits beim Kauf ein trächtiges Weibchen erwirbt. Und da die Schwangerschaft völlig problemlos verläuft, merkt man es womöglich erst dann, wenn eines Tages statt einem vier Meerschweinchen im Käfig sitzen. Auch wenn Kinder sich gegenseitig mit ihren Meerschweinchen besuchen, kann es

Wenn Meerschweinchen Junge bekommen

ganz leicht zu Nachwuchs kommen. Übrigens nicht immer rein zufällig. Allerdings sollte man sich rechtzeitig überlegen, wohin mit den Jungen, sonst schreitet die Vermehrung unaufhaltsam weiter.

Die Zucht mit Rassemeerschweinchen

Wer eine Zucht beginnen will, braucht genaue Kenntnisse über die Vererbungsregeln. Ziel ist, gesunde und schöne Tiere zu bekommen, die so genau wie möglich dem Standard für die verschiedenen Rassen entsprechen. Ein Züchter will ja in erster Linie seine Tiere auf Ausstellungen zeigen und bewerten lassen. Dazu führt er ein Zuchtbuch und spezialisiert sich auf ganz bestimmte Haar- und Farbmerkmale. Hinweise auf Bücher, die dieses Thema eingehend behandeln, finden Sie auf Seite 63.

Die Elterntiere müssen beide gesund und kräftig sein und das richtige Alter haben. Weibchen dürfen erst mit 4 bis 6 Monaten zur Zucht eingesetzt werden. Eine zu frühe Trächtigkeit schadet ihnen; älter als 1 Jahr dürfen sie jedoch auch nicht sein. Mit Männchen kann man ab 6 bis 7 Monaten züchten.

Bei der Linienzucht wird die Mutter mit dem kräftigsten Sohn, der Vater mit der idealsten Tochter verpaart. Ziel ist es, die jeweils günstigsten Eigenschaften herauszuzüchten. Das läßt sich bei Tieren aus der gleichen Familie schnell erreichen. Allerdings werden dabei auch unerwünschte Eigenschaften weitervererbt.

Grundsätzlich gilt:
✔ Keine Geschwister miteinander verpaaren.
✔ Eine Verpaarung von Halbgeschwistern ist dann möglich, wenn die Eltern keine Vererbungsschäden aufweisen. Dazu muß man natürlich genau über sie Bescheid wissen.
✔ Inzucht nur über zwei Generationen betreiben, sonst etablieren sich Mißbildungen.
✔ Immer wieder ein fremdes Tier einkreuzen.

Checkliste
Ernährung

1 Immer zur gleichen Zeit füttern. Die Tiere gewöhnen sich daran.

2 Nie zuviel auf einmal geben. Was nicht aufgefressen wird, aus dem Käfig nehmen (außer Heu).

3 Grünzeug, Gemüse und Obst müssen frisch sein.

4 Heu und Grünzeug immer in die Raufe geben.

5 Obst, Gurken und Tomaten gut waschen, aber nicht schälen. Paprika besser schälen, da die Schale schlecht zu kauen ist. Gewaschenes Gemüse stets gut abtropfen lassen.

6 Salat, vor allem Kopfsalat, wegen der vielen Schadstoffe waschen und gut trocknen.

7 Den Trinkautomaten zweimal wöchentlich mit etwas abgestandenem Wasser neu füllen.

8 Hin und wieder etwas zum Nagen in den Käfig legen.

9 Das Meerschweinchen aus der Hand füttern und regelmäßig frei laufen lassen.

Der richtige Umgang im Alltag

Wie das Pärchen zusammenlebt
Sie haben ein Weibchen und wollen ihm nun aus Interesse und Freude am Verhalten eines Pärchens und an der Geburt und Aufzucht von Jungen einen Bock zugesellen.
<u>Aneinandergewöhnung:</u> Setzen Sie nicht einfach den Fremdling zu der Alteingesessenen; das kann üble Folgen haben. Ist der Käfig groß genug, teilen Sie ihn in der Mitte mit einem Gitter-Trennschieber. Ansonsten lassen Sie die Tiere in ihren Käfigen und stellen diese dicht nebeneinander. So können sie sich sehen und auch beschnuppern. Nach ein bis zwei Tagen nehmen Sie das Gitter heraus beziehungsweise setzen das zukünftige Paar in einen Käfig zusammen, natürlich unter Ihrem wachsamen Auge. Anfangs werden sie versuchen, einander zu imponieren und sich gegenseitig anzustupsen. Aber das gehört zum Ritual. Nur wenn sie sich beißen, müssen Sie sie trennen und nach einer Weile wieder zusammenführen. Klappt es dann immer noch nicht, müssen Sie es mit einem anderen Partner probieren.
Hinweis: Reiben Sie Ihre Hände mit Parfüm ein und streicheln Sie die Meerschweinchen ausgiebig. Dann ist für einige Zeit der Eigengeruch der Tiere unterdrückt, das heißt, sie riechen gleich, und das wirkt beruhigend.
<u>Zusammenleben:</u> In der Regel lebt ein Pärchen sehr harmonisch miteinander. Der Bock verhält sich dem Weibchen gegenüber friedlich, und bei Meinungsverschiedenheiten ist meistens er der Klügere, der nachgibt. Wird er dennoch zu aufdringlich, gibt sie ihm »Nasenstüber« mit den Zähnen oder reißt ihm auch mal ein paar Nackenhaare aus.
Das Männchen erträgt nicht nur alles geduldig, sondern überläßt dem Weibchen auch besondere Leckerbissen, um die sich zwei Weibchen oder zwei Männchen manchmal sogar streiten würden.

An der Milchquelle warten die Kleinen geduldig, bis sie dran sind.

Werbung und Paarung
Meerschweinchen sind eigentlich das ganze Jahr über brünstig. Es bedarf nur der beharrlichen Werbung, und die betreibt das Männchen mit Ausdauer. Immer wieder umkreist er seine Dame mit bedächtigen Schritten und wiegendem Hinterteil und gibt knatternde Laute von sich. Sobald er versucht, mit seiner Flanke an ihrem Körper entlangzustreifen, wehrt sie sich heftig. Sie setzt sich auf die Hinterbeine, drückt die Vorderbeine durch und zeigt mit weit aufgerissenem Mäulchen die Zähne. Genügt diese Warnung nicht, fährt sie dem Werber mit den Zähnen über die Nase. Danach weicht das

Werbung und Paarung

An Salat und anderer fester Nahrung können die Jungen bereits kurz nach der Geburt knabbern.

Männchen quiekend zurück. Er wird erst dann »erhört«, wenn das Weibchen brünstig, das heißt zur Paarung bereit ist. Das geschieht alle 14 bis 18 Tage. Dann sind die Eier, die sich in den Eierstöcken entwickelt haben, im für die Befruchtung günstigsten Stadium. Das Weibchen legt sich auf den Bauch und hebt das Hinterteil. Der Deckakt dauert nur wenige Sekunden. Danach putzen sich die beiden Tiere auffällig und sorgfältig, vor allem im Genitalbereich.

Tragzeit

Durchschnittlich dauert es 68 Tage, bis die Jungen auf die Welt kommen. Die Trächtigkeit merkt man dem Weibchen zunächst gar nicht an, denn es zeigt keinerlei verändertes Verhalten. Das Männchen ist in dieser Zeit sehr aufmerksam und überläßt der werdenden Mutter anstandslos den besten Platz am Futternapf. Ab der 4. Woche wird das Weibchen dicker, und in den letzten beiden Wochen der Schwangerschaft ist es ausgesprochen plump. Kein Wunder, schließlich machen die Jungen mehr als die Hälfte des mütterlichen Körpergewichts aus. Man kann ihre Bewegungen im Mutterleib deutlich sehen und auch spüren. Das Weibchen indessen macht keinerlei Anstalten, ein Nest zu bauen. Überhaupt verhält es sich nicht anders als sonst, weshalb ein unerfahrener Meerschweinchen-Halter ja oft nicht erkennt, was ihm da ins Haus steht.

Der richtige Umgang im Alltag

Geburt

Auch die Geburt ist meist völlig unproblematisch. Da sie meist nachts stattfindet, wird man oft davon überrascht. An bestimmten Anzeichen wie Graben in der Einstreu, Anschwellen des Geschlechtsteils und Schleimabsonderung oder sichtbaren Wehen durch Zusammenziehen des Bauchs können Sie erkennen, daß das Ereignis unmittelbar bevorsteht.

Geburtsverlauf: Das Weibchen bekommt das Junge im Sitzen, reißt mit den Zähnen die Eihaut auf und frißt sie. Das ist wichtig, sonst würde das Junge ersticken. Danach leckt ihm die Mutter Mund, Nase und Augen sauber. Kaum ist eines versorgt, meldet sich schon das nächste an. Meistens kommt erst zum Schluß etwas Blut, und zwar mit der Nachgeburt (Plazenta), die von der Mutter ganz oder teilweise aufgefressen wird.

Neugeboren und schon selbständig

Das Besondere an jungen Meerschweinchen ist, daß sie voll entwickelt auf die Welt kommen. Sie haben offene Augen, die sogar schon 14 Tage vorher im Mutterleib geöffnet sind, und ihr Fellchen ist dicht und glänzend seidig, sobald es die Mutter sauber geleckt hat.
Die Kleinen sind nämlich Nestflüchter, das heißt, sie können sofort laufen und feste Nahrung fressen. Denn auch ihr Milchgebiß haben sie noch im Mutterleib gegen die bleibenden Zähne ausgewechselt. Bereits ein bis zwei Stunden nach der Geburt wuseln sie munter umher, bleiben jedoch stets in der Nähe der Mutter und werden von ihr zwei bis drei Wochen gesäugt. Daneben naschen sie schon Grünfutter. Wenn die Jungen verwaisen, geben Sie sie am besten zu einem Weibchen, das auch gerade geworfen hat. Wenn sich das nicht anbietet, hat sich Katzenaufzuchtsmilch (im Zoofachhandel erhältlich) bewährt. Sie wird den Kleinen mit einer Einwegspritze (ohne Nadel!) langsam ins Mäulchen getröpfelt. In den ersten zwei Wochen tagsüber etwa alle ein bis zwei Stunden 1 bis 1,5 ml, in der dritten Woche steigern auf 2 ml. Nachts muß nicht gefüttert werden.

Hinweis: Wenn Sie die Jungen während der Aufzucht zu einem erwachsenen Meerschweinchen setzen, lernen sie durch das Vorbild, was man fressen kann. Der oder die Alte darf die Kleinen natürlich nicht schikanieren.

Mutter und Kind fressen zusammen, kuscheln sich aneinander und haben sich immer viel zu »erzählen«.

Die Entwicklung der Jungen

Gewicht: Bei der Geburt wiegen die Jungen 40 bis 100 g und nehmen, ausgenommen in den ersten Tagen, bis zu einem Alter von 5 bis 6 Wochen täglich 3 bis 4 g zu. Wiegen Sie sie ab und zu; Gewichtsverlust weist immer auf eine beginnende Krankheit hin, auch bei erwachsenen Tieren.

Verhalten: Kleine Meerschweinchen sind reizend zu beobachten. Ein paar Stunden nach der Geburt beginnen sie sich vollendet zu putzen. Deswegen werden sie selten von der Mutter abgeleckt. Ihr Bewegungsdrang ist unbändig. Immer wieder springen sie mit allen vier Beinchen senkrecht in die Höhe und schlagen in der Luft einen Haken. Sie liefern sich stundenlange Verfolgungsjagden, flitzen ins Schlafhäuschen hinein und wieder heraus, vollführen die ausgelassensten Bocksprünge und setzen mit solcher Leichtigkeit über Hindernisse hinweg, daß man nur staunen kann. Dieser Spieltrieb hält bis zum Einsetzen der Geschlechtsreife an.

Futter: Etwa drei Wochen werden sie von der Mutter gesäugt. Diese hat nur zwei Zitzen, doch die Kleinen streiten sich nicht um die Milchquelle, sondern warten, bis sie drankommen. Außerdem fressen sie Heu, Salat, Löwenzahn, Haferflocken und Fertigfutter.

Hinweis: Eine lebensnotwendige Verhaltensweise der Jungen ist das Fressen des Blinddarmkots der Mutter. Meerschweinchen bilden in ihrem Blinddarm die Vitamine des B-Komplexes, scheiden sie aus und fressen sie. Eine praktische Selbstversorgung, die den Jungtieren offensichtlich noch nicht möglich ist, weshalb sie sich an die Mutter halten müssen.

Zusammenleben: Eine Meerschweinchen-Familie lebt friedlich zusammen. Alles unternimmt sie gemeinsam. Sie fressen zusammen, putzen sich, kuscheln sich aneinander und haben sich, so scheint es, viel zu erzählen. Beim Auslauf trippeln sie im Gänsemarsch hintereinander her, auch in der Wohnung. Kommt ein Kleines vom Weg ab und läßt sein Verlassenheits-Quieken hören, eilen Mutter oder Vater sofort herbei und führen es unter leisem Gurren zu den anderen Jungen zurück.

Geschlechtsreife: Zwischen 3 und 5 Wochen werden die Weibchen geschlechtsreif. Wollen Sie sie behalten, müssen die Jungen von den Eltern und untereinander nach Geschlechtern getrennt werden. Die Männchen werden mit 4 bis 5 Wochen geschlechtsreif. Dann kann man auch sie nicht mehr zusammen halten, da sonst unweigerlich Rangordnungskämpfe ausbrechen (→ Seite 21 und 42).

TIP

Während der Tragzeit beachten

Eine werdende Meerschweinchen-Mutter sollten Sie möglichst wenig hochnehmen und herumtragen. Bringen Sie auch Ihrem Kind bei, daß es seinen Liebling in diesen Wochen nicht drücken und knuddeln, sondern nur sanft streicheln darf. Geben Sie viel vitaminreiches Grünfutter oder setzen Sie dem Futter Vitamine zu. Den täglichen Auslauf keinesfalls streichen, denn selbst hochschwangere Tiere rennen noch gern. Nur gehetzt werden wollen sie nicht, zum Beispiel beim Einfangen. Trennen Sie das Weibchen kurz vor dem Geburtstermin vom Männchen. Es kann nämlich bereits 12 Stunden danach schon wieder gedeckt werden.

VERHALTEN UND BESCHÄFTIGUNG

Wenn Sie dafür sorgen, daß Ihr kleiner Liebling sein Leben so artgerecht wie möglich führen kann – mit viel Auslauf und Beschäftigungsangeboten –, werden Sie beobachten können, welch breite Ausdruckspalette ihm zu eigen ist.

Überlebensstrategie

Meerschweinchen sind wehrlose Tiere und müssen ihr Heil in der Flucht suchen. Für ihr Überleben angesichts einer großen Zahl von Feinden wurden sie von der Natur mit Flinkheit und Wendigkeit ausgestattet. Außerdem bildeten sie soziale Verhaltensweisen aus, die ihnen ein friedliches Leben in der Gemeinschaft ermöglichen, denn der Zusammenschluß im Rudel bietet den größtmöglichen Schutz.

Zwischen ihren Schlupfwinkeln und Futterplätzen legen sie ein vielverzweigtes Netz von Trampelpfaden an, in dem sie sich bestens auskennen und das ihnen eine rasche Flucht ermöglicht. Sie bewegen sich durch hohes Gras flink und leichtfüßig fort, damit sie von Feinden nicht so schnell entdeckt werden. Auf ihren Wegen halten sie immer Kontakt zueinander, das heißt, sie trippeln im Gänsemarsch hintereinander her und führen die Jungen zwischen sich (→ Seite 39). Dabei verständigen sie sich mit Gluckslauten, die eigentlich nie verstum-

Fühlt sich ein Meerschweinchen bedroht, sucht es sich einen Schlupfwinkel, um sich darin ganz klein zu machen.

men. Solange sie weiden, sitzt eines der Tiere abseits und hält Wache. Sobald es auch nur das kleinste Geräusch, eine winzige Veränderung in seiner Umgebung wahrnimmt, stößt es ein Quieken aus, worauf sich die anderen in Sicherheit bringen.

Bleibt einem Meerschweinchen einmal tatsächlich kein Ausweg mehr, verfällt es in eine Starre, wodurch der Feind manchmal getäuscht wird. Und nicht zuletzt hat die Natur sozusagen mit einem Trick dafür gesorgt, daß Meerschweinchen nicht ausgerottet werden: die starke Vermehrung.

Wichtige Verhaltensweisen

Aus der Tatsache, daß das Meerschweinchen ein reines Fluchttier ist, resultieren einige Verhaltensweisen, die Sie berücksichtigen sollten.

✔ Die Schreckhaftigkeit vor vermeintlichen Gefahren hat sich unser Hausgenosse bewahrt. Tauchen Sie unvermutet vor dem Käfig auf und greifen gar mit der Hand hinein, verbindet sich das für das Meerschweinchen mit dem Gefühl: Achtung, Raubvogel! Da im Käfig Flucht jedoch nicht möglich ist, entsteht Panik. Solche Reaktionen können Sie durch langsame und ruhige Bewegungen und gutes Zureden vermeiden.

Verhalten und Beschäftigung

✔ Auch als Heimtier ist das Meerschweinchen sehr wachsam. Wenn ihm etwas nicht geheuer ist, streckt es aufmerksam den Kopf vor, preßt sich an den Boden und versucht mit allen Sinnen zu erfassen, ob Gefahr droht.

Zusammenleben im Rudel

Das soziale Verhalten von Meerschweinchen ist auffallend. Schwerlich werden Sie beobachten können, daß sich die Tiere das Futter neiden oder dauernd streiten. Allerdings beachten sie eine genaue Rangordnung. Zwei Männchen haben in so einer Meerschweinchensippe keinen Platz. Wer also als Pascha über die Weibchen herrscht, muß sich als der Stärkste beweisen. Beim Kampf um die Rangordnung stellt sich heraus, daß Meerschweinchen durchaus zubeißen können. Das überlegene Männchen droht dem schwächeren zuerst mit Maulaufreißen, Aufstellen der Haare und Zähnewetzen. Zieht dieses sich nicht sofort zurück, fliegen die Fetzen, und es kann zu bösen Beißereien kommen. Das unterlegene Männchen wird nun vom Rudel ausgestoßen. Es darf nicht mehr an den Futterplatz, findet kein Fleckchen zum Schlafen und muß woanders sein Glück versuchen.

Weibchen vertragen sich hingegen meist sehr gut. Doch auch hier gibt es eine Hierarchie, das heißt, ein Leitweibchen sorgt unter seinesgleichen und den Jungtieren für Ordnung. Im übrigen sind die Weibchen für das Wohlergehen und Fortkommen der Jungen verantwortlich. In der 1. Lebenswoche betreuen sie sie noch ganz allein. Wenn eines trinken will, kann es das nicht nur bei seiner eigenen Mutter, sondern auch bei einem anderen milchgebenden Weibchen. Fühlt sich ein Kleines verlassen, quiekt es so lange laut und herzzerreißend, bis seine Mutter es hört. Sie nähert sich ihm mit einem murmelnden Gurren, macht Nasenkontakt, leckt ihm übers Gesicht und führt es wieder zur Gruppe zurück. Ab der 2. Woche schließen sich die Jungen mehr und mehr dem Leitbock an, der sie so von den Müttern entwöhnt, denn ab der 3. Woche werden sie ja nicht mehr gesäugt.

Worauf Sie achten müssen

Im Käfig oder im Freigehege gibt es keine Ausweichmöglichkeiten. Deswegen sind Sie für das reibungslose Zusammenleben verantwortlich. Beachten Sie bitte folgendes:

✔ Junge Männchen müssen spätestens mit Erlangen der Geschlechtsreife, das heißt mit 4 bis 5 Wochen abgegeben werden. Dies ist nicht nur zur Vermeidung von Kämpfen notwendig, sondern verhindert auch allzu unkontrollierten Nachwuchs.

✔ Ist ein Männchen im Rangordnungskampf unterlegen, sollten Sie es schleunigst in ein anderes Gehege setzen. Sonst muß es verkümmern, da es im Rudel ja sozusagen kein Bein mehr auf die Erde bringt.

Für den Bewegungsdrang Ihres Lieblings eignet sich fast alles Spielzeug aus dem Kinderzimmer.

Zusammenleben im Rudel 43

✔ Ein junges, kastriertes Männchen, das Sie einer Gruppe von Weibchen zugesellen, kann sich womöglich nicht als Boß behaupten. Das ändert sich allerdings, sobald es ausgewachsen und den Weibchen an Größe und Gewicht überlegen ist. Im übrigen können Sie sein Selbstbewußtsein stärken, indem Sie ihn möglichst oft herausnehmen, streicheln und aus der Hand füttern.
✔ Ein Meerschweinchen, das sich von seinen Artgenossen absondert, wurde vielleicht von klein auf allein gehalten. Dadurch fehlt ihm die Bindung an die Gruppe, so daß es sich sehr schwer tut, mit seinesgleichen zusammenzuleben. Sie sollten es lieber weiterhin einzeln halten oder ihm ein Zwergkaninchen als Partner zugesellen (→ Seite 22).

Holz ist gut für die Zähne. Es darf natürlich nicht chemisch behandelt sein.

✔ Wollen Sie Ihre Meerschweinchengruppe in einen neuen Käfig setzen, geschieht das im Grunde reibungslos. Streß entsteht nur dann, wenn ein einzelnes Meerschweinchen zu mehreren neu hinzugesetzt wird und sich dort erst behaupten muß, oder wenn sich mehrere Tiere einen viel zu engen Käfig teilen.

44 VERHALTEN
DOLMETSCHER

So »unterhalten« sich Meerschweinchen mit ihresgleichen, aber auch mit »ihrem« Menschen.

☞ *Dieses Verhalten zeigt mein Meerschweinchen.*

? *Was will mir das Meerschweinchen sagen?*

! *So reagiere ich richtig auf sein Verhalten!*

☞ Zwei Meerschweinchen liegen dicht beieinander.

? Die Tiere brauchen den sozialen Kontakt.

! Wird ein Tier allein gehalten, müssen Sie ihm den Sozialpartner ersetzen.

☞ Zwei Männchen kämpfen miteinander.

? Der Stärkere hat im Rudel das Sagen.

! Setzen Sie den Schwächeren in einen anderen Käfig.

☞ Die Meerschweinchen berühren sich mit den Nasen.

? Sie beschnuppern sich und identifizieren sich am Geruch.

! Lassen auch Sie sich ausgiebig beschnuppern.

☞ Das Meerschweinchen entfernt mit den Krallen Staub und lose Teilchen.

? Ein gesundes Tier putzt sich regelmäßig und gründlich selbst.

! Nur während des Fellwechsels bürsten Sie es zweimal wöchentlich.

☞ Ein Tier macht beim anderen Analkontrolle.

❓ Bei einem Weibchen wird geprüft, ob es zur Paarung bereit ist.

❗ Wenn Sie keine Jungen wollen, sollten Sie die beiden trennen.

Das Meerschweinchen streckt ☞ den Kopf vor, weil es Gefahr wittert.

Es reagiert sehr schreckhaft ❓ und kann in Panik geraten.

Reden und bewegen Sie ❗ sich beruhigend.

☞ Das Tier macht mit der Zunge die Innenkante der Hände feucht.

❓ Es wäscht sich so das Gesicht.

❗ Sorgen Sie für Sauberkeit im Käfig.

☞ Männchen machen für ein Salatblatt.

❓ Futter animiert die Lernfreude der Tiere.

❗ Halten Sie Ihr Tier mit Körperübungen fit.

☞ Mutter und Kind Nase an Nase.

❓ Das Kleine braucht die Zuwendung.

❗ Sie lassen es 5 Wochen bei seiner Mutter.

Verhalten und Beschäftigung

Sich verständlich machen

Wer sein Meerschweinchen verstehen will, muß sowohl gut zuhören als auch hinschauen, denn oft wird das, was es sagt, von einer bestimmten Körpersprache begleitet.

✔ Das fordernde Quieken bedeutet unmißverständliches Betteln um Futter.

✔ Fiepen oder klägliches Quieken ist der Angst- oder Verlassenslaut von Jungen. Einzeln gehaltene Tiere werben damit um Kontakt.

✔ Glucksen und Gurren drücken rundum Zufriedenheit aus.

✔ Mit Grunzen begrüßt man sich freundlich und beschnuppert sich mit Nasenkontakt.

✔ Ein Knurren stößt ein Schwächerer gegenüber einem Stärkeren aus. Das kann auch der Mensch sein. Wenn sich das Angstknurren zu einem wütenden Zähneklappern steigert, sollten Sie Ihr Tier in Ruhe lassen, sonst könnte ein kräftiger Biß folgen (→ Wichtige Hinweise, Seite 63).

✔ Ein brummendes Knattern gibt das Männchen von sich, wenn es sich werbend einem Weibchen nähert (→ Seite 36).

✔ Das Chirpen hört man bei Hausmeerschweinchen sehr selten. Es sind sehr hohe Quiektöne, die mit voller Intensität ausgestoßen werden. Was es damit auf sich hat, ist nicht genau geklärt.

Hören, sehen, riechen, tasten

Hören können Meeerschweinchen hervorragend und reagieren darauf viel intensiver als sehend. Sie lernen schnell, bestimmte Geräusche mit der Fütterung zu verbinden, und erkennen ihren Menschenpartner schon von weitem am Schritt. Lärm und laute Töne, vor allem im Hochfrequenzbereich, die wir gar nicht mehr wahrnehmen, sind ihnen ein Greuel. Und bei Krach können sie regelrecht in Panik geraten, womöglich irgendwo gegen rennen und sich verletzen.

Sehen können Meerschweinchen auch sehr gut. Ihr Gesichtskreis ist groß genug, um Feinde frühzeitig wahrzunehmen. Anhand von Versuchen hat man festgestellt, daß die Tiere auch in der Lage sind, Farben zu unterscheiden, vor allem Gelb, Rot, Grün und Blau.

Riechen spielt vor allem im Geschlechts- und Kontaktverhalten eine Rolle. Ein sippenfremdes Tier wird am Geruch erkannt, ebenso die verschiedenen Mitglieder der Menschenfamilie. Duftmarkierung mit Harn sowohl des Partners als auch des Reviers ist ein wichtiger Verhaltensfaktor.

Tasten können Meerschweinchen mit den Tasthaaren, die rund ums Schnäuzchen wachsen. Sie helfen ihnen, sich im Dunkeln zu orientieren und sie um Hindernisse herumzuführen.

Meerschweinchen putzen und lecken sich mit Ausdauer und Hingabe.

Körper- und
Lautsprache **47**

Körpersprache und Lautsprache

Wie sich das Meerschweinchen äußert	Was das bedeutet
Sich gegenseitig mit der Nase berühren	Schnupperkontakt
Murmeln, Glucksen, Grunzen	Zufriedenheit, Wohlbefinden, Stimmfühlung untereinander (Kontakt durch Laute)
Strecken	Behaglichkeit, Ruhe
Luftsprünge	Gute Laune, Übermut
Quieken	Warnung, Verlassenheitslaut von Jungen, Angst, Schmerz, Betteln um Futter (allein dem Menschen vorbehalten)
Gurren	Beruhigungslaut
Männchen machen	Sich nach Futter recken
Sich mit durchgedrückten Beinen hoch aufrichten	Imponiergehabe
Den Kopf rechtwinklig nach oben heben	Zeichen von Stärke
Den Kopf senken, Knurren	Friedensangebot, Angstgebärde
Schnarren, Zischen, Zähneklappern	Aggression, Imponiergehabe, Warnung des Gegners
Brummen, Grunzen, Knattern	Brunstlaute des Männchens
Mit weit aufgerissenem Mund die Zähne zeigen	Weibchen wehrt zudringliche Männchen ab
Den Kopf vorstrecken	Wachsamkeit
Beinchen einziehen, sich an die Wand drücken,	Hilflosigkeit, Schutzbedürftigkeit
In Starre verfallen	Sich totstellen, um dem Feind nicht aufzufallen

48 PRAXIS BESCHÄFTIGUNG

Farben unterscheiden
Stellen Sie vier gleiche Plastiknäpfe in den Farben Rot, Gelb, Grün und Blau jeweils einen halben Meter voneinander entfernt auf. Kurz bevor das Spiel beginnt, füllen Sie nur den roten Napf mit Körnerfutter. Die anderen bleiben leer. Lassen Sie nun das möglichst hungrige Meerschweinchen vom anderen Ende des Raums auf die Näpfe zulaufen. Sobald es den gefüllten Napf entdeckt hat, tragen Sie es zurück an die Ausgangsstelle und lassen es erneut suchen. Irgendwann wird der kleine Racker zielstrebig auf den roten Napf zusteuern und sich auch nicht davon abbringen lassen, wenn Sie diesen an eine andere Stelle setzen.

Spielecke
Machen Sie sich die Tatsache zunutze, daß wildlebende Meerschweinchen im hohen Gras vielverzweigte Trampelpfade anlegen und darauf flink umherhuschen. Gestalten Sie eine Spiellandschaft mit verschieden großen Pappschachteln und stabil miteinander verbundenen Holzbausteinen. Verstellen Sie die Sachen immer mal wieder, ordnen Sie sie anders an, fügen Sie Neues hinzu. Sie werden sehen, wie lebhaft und neugierig Meerschweinchen auf jede Abwechslung reagieren. Zwei Tiere motivieren sich gegenseitig noch mehr zum Laufen und Springen. Vor allem die Springlust eines Jungtiers wirkt sehr ansteckend.

Erkennst du die Melodie?
Nehmen Sie ein zartklingendes Instrument, zum Beispiel eine Blockflöte oder ein Xylophon. Bei zu lauten Tönen würden Sie das Meerschweinchen nur erschrecken und den gegenteiligen Erfolg erzielen. Spielen Sie Ihrem Tier immer dann, wenn Sie ihm das Futter geben, eine kleine Melodie vor. Nach einer Weile wird der kleine Pfiffikus nur beim Erklingen der Melodie eifrig herbeilaufen, weil sie sich in seinem Empfinden mit Fressen verbindet.
Oder Sie geben ihm den Leckerbissen nur, wenn es Männchen macht, und läuten dabei ein Glöckchen. Schon nach kurzer Zeit beginnt es allein beim Klang des Glöckchens zu quieken, ohne daß es dafür eine Belohnung bekommt.

In dieser »Landschaft« können Meerschweinchen ihre natürlichen Fähigkeiten trainieren.

Sport im Käfig und Spielecke 49

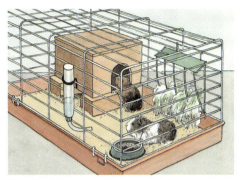

Zum Schlafhäuschen klettern hält fit.

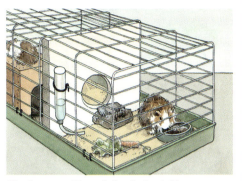

Wer fressen will, muß durchs Loch klettern.

Sport im Käfig
Auch im Käfig können Sie Ihre Tiere zu körperlicher Ertüchtigung veranlassen:
✔ Stellen Sie das Schlafhäuschen auf eine Plattform und lassen Sie das Meerschweinchen über einen Steg dorthin gelangen. Oder Sie plazieren einen Stein mit rauher Oberfläche so davor, daß es darüberklettern muß.
✔ Trennen Sie den Futterplatz vom Schlafplatz mit einem Holzbrett, in das in etwa 5 cm Höhe ein Loch – je nach Größe des Tieres – geschnitten ist. So wird das Meerschweinchen zu einer Kletterübung veranlaßt, um von einem Platz zum anderen zu gelangen.

✔ Wenn Sie den Zugang zum Futterplatz mit Ästen und Steinen verstellen, erzielen Sie den gleichen Effekt. Natürlich darf so ein Hindernislauf nicht zur Tierquälerei ausarten.
✔ Denken Sie sich eine originelle Futteraufhängung aus, damit sich das Meerschweinchen danach recken muß und seine Muskeln aktiviert.
✔ Bauen Sie mit einem auf die Seite gelegten Blumentopf und ein paar Ziegeln eine Treppe. Während das eine Meerschweinchen in der »Höhle« Unterschlupf sucht, genießt das andere von einem erhöhten Platz aus die Übersicht.

Wettrennen
Dieses Spiel verspricht den meisten Erfolg, wenn Sie es für mehrere Meerschweinchen organisieren. Simulieren Sie um den Käfig herum das Wegenetz mit Hilfe von Legosteinen, Bauklötzchen, Pappschachteln, -röhren oder anderem Material, das Ihnen gerade zur Verfügung steht. Nun spornen Sie die Meerschweinchen mit geschickt verteilten Leckerbissen zum Wettrennen an. Wer ist der erste am Salat? Stabil muß das Labyrinth aber sein, sonst rennen es die Tiere in der Hast, an die Belohnung zu kommen, einfach über den Haufen. Gestalten Sie die Bahnen zum Beispiel so, daß die »Wettläufer« nicht darüber hinwegsehen können, sondern wirklich der Nase nach rennen müssen. Es ist erstaunlich, was Meerschweinchen alles bewältigen, um an Futter zu kommen. Lassen Sie Ihrem Ideenreichtum freien Lauf!
Hinweis: Ordnen Sie das Labyrinth von Zeit zu Zeit anders an, dann wird es den Meerschweinchen nicht langweilig.

GESUNDHEITSVORSORGE UND KRANKHEITEN

Meerschweinchen sind von Natur aus nicht sehr empfindlich. Sie können diese gute Grundvoraussetzung unterstützen, indem Sie Ihren kleinen Hausgenossen artgerecht halten, richtig füttern und ihm außerdem viel Bewegung verschaffen.

Vorbeugen ist besser als heilen

Gesunde Ernährung: Die Nahrung des Meerschweinchens muß rohfaserreich sein sowie eine Vielzahl von Pflanzen und Kräutern enthalten (→ Seite 32) – und zwar das ganze Jahr über.

Sauberkeit ist wichtig: In einer verschmutzten Umgebung entstehen leicht Krankheitserreger, die Meerschweinchen, andere Heimtiere sowie den Menschen befallen können. Deshalb regelmäßig Käfig, Zubehör und Futternäpfe säubern (→ Seite 31) und nach jeder Versorgung und Berührung die Hände waschen. Bringen Sie das bitte auch Ihrem Kind bei. Grundsätzlich sollte kein Tier geküßt oder an die unbedeckte Haut gedrückt werden.

Gesundheitliche Probleme für den Menschen

Allergien: Beim Umgang mit dem Meerschweinchen kann es bei Allergiebereitschaft zu einer Sensibilisierung dieser Veranlagung kommen.

Nach dem Salat recken sich die Meerschweinchen gern und trainieren so ihre Muskeln.

Bei allergischen Reaktionen (Juckreiz, Hautrötung) sofort den Facharzt aufsuchen.

Zoonosen: Krankheiten, die vom Tier auf den Menschen übertragen werden können, treten beim Meerschweinchen – Hautkrankheiten ausgenommen – selten auf. Im Zweifelsfall zum Arzt gehen.

Pilzerkrankungen: Sie äußern sich bei Tier und Mensch in typischen, oft kreisrunden Hautrötungen in Verbindung mit starkem Juckreiz und Haarausfall. Dann muß das Meerschweinchen zum Tierarzt, der Mensch zum Hautarzt.

Räudemilben: Infolge schlechter Haltungsbedingungen relativ häufig. Verursachen durch direkten Kontakt beim Menschen pustelförmigen Hautausschlag mit Juckreiz.

Salmonellose: Sie tritt bei Meerschweinchen relativ häufig auf und kann sich auf Kinder übertragen. Sofort zum Arzt gehen!

Lymphozitäre Choriomeningitis (LCM): Als Überträger wurden Meerschweinchen bisher nicht festgestellt.

Erste Krankheitsanzeichen

Als Tierhalter haben Sie die Verantwortung, die ersten Anzeichen einer möglichen Krankheit rechtzeitig zu erkennen und etwas zu unter-

Gesundheitsvorsorge und Krankheiten

Frisches Futter ist für die Gesundheit Ihres Meerschweinchens sehr wichtig.

nehmen (→ Tabelle, Seite 55). Zwar kann das Meerschweinchen Ihnen nicht sagen, wie es sich fühlt, aber Sie können es ihm ansehen. Quiekt es zum Beispiel nicht mehr aufgeregt, wenn Sie ihm Futter bringen, hockt es nur teilnahmslos mit glanzlosen Augen und gekrümmtem Rücken in einer Ecke, dann sollten Sie aufmerksam werden. Ist noch dazu das Fell struppig und stumpf, verliert das Tier mehr Haare als gewöhnlich, kratzt es sich ständig, atmet es stoßweise oder zeigt sonstige auffällige Verhaltensweisen, weist das auf eine mögliche Erkrankung hin.

Bei Unpäßlichkeiten und leichteren Gesundheitsstörungen genügt es oft, nur die Ursachen abzustellen, damit Ihr Liebling wieder quicklebendig umherläuft. Doch denken Sie daran, daß so ein kleines Wesen rasche und wirksame Hilfe braucht. Im Zweifelsfall sollten Sie jedenfalls zum Tierarzt gehen. Das eine oder andere können Sie jedoch selbst tun.

Hinweis: Meerschweinchen lassen Krankheitszustände relativ spät erkennen. Dieses Verhalten ist ein Teil ihrer Überlebensstrategie, um im Rudel nicht sofort als krank ausgegrenzt zu werden. Es ist also durchaus möglich, daß das Tier schon länger krank ist und rasche tierärztliche Hilfe braucht.

Was Sie sofort tun können

<u>Leichter Durchfall:</u> Das Allgemeinbefinden des Tiers wirkt zwar gut, aber der Kot ist schmierig-

Erste Krankheitsanzeichen

ungeformt und hell. Grün- und Saftfutter weglassen, dafür Heu und lauwarmen Kamillen- oder Fencheltee reichen. Außerdem Weidenzweige und geriebene Möhren. Für trockene und von unten wärmende Einstreu (Heu oder Haferstroh) sorgen. Wenn der Kot nach spätestens zwei Tagen noch nicht fest ist, zum Tierarzt gehen.

<u>Kotabsatzbeschwerden:</u> Wenn die sogenannte Perinealtasche um den After mit Kot gefüllt ist, vorsichtig ausdrücken und mit einem angefeuchteten Wattestäbchen entleeren. Bei kleinen, harten Kotbällchen zuerst kontrollieren, ob die Trinkflasche richtig funktioniert. Häufig ist die Ursache der Verstopfung einfach nur Wassermangel. Für ein paar Tage Körnerfutter absetzen, Gurke oder Melone anbieten, dazu 3 mal täglich 1 EL Sauerkrautsaft aus dem Reformhaus mit einer Einwegspritze (ohne Nadel) in die seitlichen Backentaschen träufeln. Das Bäuchlein öfters mit kreisenden Fingerbewegungen massieren. Auch Brennesselheu, Sauerampfer und Löwenzahnblätter wirken heilend. Wenn nach 24 Stunden keine Besserung eintritt, den Tierarzt aufsuchen.

<u>Reizschnupfen:</u> Beseitigen Sie mögliche Ursachen, zum Beispiel staubiges Heu oder ätzende Putzmittel, die Gase entwickeln. Im Zweifelsfall zum Tierarzt.

<u>Hitzschlag:</u> Läuft das Meerschweinchen aufgeregt hin und her, hechelt es und zittert am ganzen Körper, sofort in den Schatten bringen und zimmerwarmes Wasser anbieten. Kühle, feuchte Tücher locker um den Leib wickeln und das Tier mit sanftem Streicheln beruhigen.

Der Gang zum Tierarzt

Meerschweinchen sind geduldige Patienten, die selten Schmerzenslaute von sich geben. Da Sie ihm nicht ansehen, wie schwerkrank es ist, sollten Sie den Gang zum Tierarzt nicht allzu lang

Checkliste
Gesundheitskontrolle

1 <u>Zähne:</u> Das Tier mit der einen Hand unter dem Bauch stützen, mit der anderen das Mäulchen mit leichtem Druck öffnen. Die Nage-oder Schneidezähne von Ober- und Unterkiefer müssen sich berühren, die Backenzähne beißen aufeinander.

2 <u>After:</u> Kotverklebungen deuten auf Durchfall hin, der vielfältige Ursachen haben kann und sorgfältig beobachtet werden muß. Die verklebte Afterregion mit einem feuchten Tuch reinigen.

3 <u>Haut:</u> Fell mit zwei Fingern auseinanderziehen. Parasiten sind an entzündeten Stellen und Haarausfall zu erkennen, Pilzerkrankungen an kreisrunden, haarlosen Stellen. Sofort zum Tierarzt gehen.

4 <u>Ohren:</u> Äußerlich und innerlich (mit einer Taschenlampe hineinleuchten) untersuchen. Anzeichen für eine Krankheit ist vermehrtes Kratzen am Ohr. Braune Verkrustungen und unangenehmer Geruch bedeuten Ohrmilben, stark gerötete und entzündete Haut im Gehörgang eine Ohrenentzündung.

Gesundheitsvorsorge und Krankheiten

TIP

Meerschweinchen-Diät

Hat das Meerschweinchen Speck angesetzt, sollten Sie ihm Diät verordnen. Dicke Tiere werden träge und sind anfälliger für Krankheiten als dünne. Lassen Sie Belohnungsfutter und Leckerbissen weg, und bleiben Sie konsequent, auch wenn Ihr Liebling noch so bettelt. Reichen Sie nur mehr 40 bis 60 g Saftfutter pro Tag und reduzieren Sie das Kraftfutter auf 20 g pro Woche (!). Geben Sie statt Brot nur Zweige (ungespritzt) zum Knabbern und lassen Sie das Dickerchen viel frei laufen. Spornen Sie es zu allerlei »Fitnessübungen« an, indem Sie das begehrte Salatblatt hochlegen oder den Futterplatz erst nach ein bißchen Klettern zugänglich machen.

Dicke Tiere sind anfälliger für Krankheiten als dünne.

hinausschieben. Am besten bringen Sie das Tier in einem gut verschlossenen Körbchen oder Kennel (im Zoofachhandel erhältlich) in die Praxis. Im Wartezimmer bitte nicht herausnehmen und auf den Schoß setzen.
Um den Tierarzt bei der Diagnose zu unterstützen, können Sie sich folgendes überlegen:
✔ Woher und seit wann haben Sie das Tier?
✔ Wie alt ist es?
✔ Welche Verhaltensveränderungen wurden wann erstmals bemerkt?
✔ Was füttern Sie?
✔ Wurde in letzter Zeit die Futterzusammensetzung verändert?
✔ Sehen Kot und Urin anders aus (Proben mitbringen)?
✔ Wie ist das Umfeld (Käfig, Standort usw.)?
✔ Bestand Kontakt zu anderen Heimtieren?
Halten Sie sich bitte genau an die Anordnungen des Tierarztes und verabreichen Sie die Medikamente nach Vorschrift. Manchmal dauert die Behandlung länger. Dann sollten Sie nicht die Geduld verlieren. Ihr kleiner Patient wird es Ihnen danken. Ausführliche Pflegetips finden Sie auf den Seiten 58 und 59.

Das Meerschweinchen mag nicht mehr fressen

Es kommt vor, daß ein Meerschweinchen aus Krankheitsgründen nicht mehr frißt. Die Frage, ob es mit Hilfe von Zwangsernährung wieder auf die Füße kommt, kann nur der Tierarzt beantworten. Nahrungsverweigerung kann verschiedene Gründe haben.
✔ Zahnfehlstellungen oder Kieferprobleme hindern das Meerschweinchen regelrecht am Fressen (→ Seite 31). Bei Fehlstellung wachsen Schneide- und Backenzähne unaufhaltsam. Das Tier ist unfähig zur Nahrungsaufnahme, und wenn Sie nicht sofort zum Tierarzt gehen, muß es verhungern.

Störungen und Krankheiten **55**

Störungen und Krankheiten erkennen

Das fällt auf	Mögliche Ursachen, die Sie selbst abstellen können	Kommen diese Symptome hinzu, sofort zum Tierarzt
Sitzt lustlos herum, quiekt nicht zur Begrüßung	Langeweile, Fehlen eines Sozialpartners, zu wenig Zuwendung, kein Auslauf	Apathie, Appetitlosigkeit, Durchfall, Abmagern, gesträubtes Haarkleid
Frißt nicht	Ungeeignetes und verdorbenes Futter, Wassermangel, durchnäßte Einstreu, Zugluft, zu kalt oder zu heiß im Raum	Übelriechende Durchfälle, manchmal blutig, Aufkrümmen des Rückens, Apathie, verklebte Nasenöffnungen
Speicheln, Fellverklebungen im Unterkieferbereich	Mangelhafter Zahnabrieb – vorbeugend Nagematerial (→ Seite 31)	Hautrötung, Haarausfall, Krusten um die Mundspalte, keine Futteraufnahme
Durchfall	Plötzlicher Futterwechsel, verdorbenes, zu kaltes Futter bzw. Wasser, zu kühle oder feuchte Haltung	Frißt nicht, verliert an Kräften, tiefliegende Augen, Apathie, Kümmern, Abmagern
Pressen ohne Absetzen von Kot oder Urin	Bewegungsmangel, defekte Trinkflasche, plötzlicher Übergang von Grün- auf Trockenfütterung	Erhöhte Temperatur, Nachziehen der Hinterläufe, Krämpfe, Atembeschwerden
Niesen, Husten	Zugluft, Reizung durch Einstreu, ätzende Putzmittel, staubiges oder schlecht gewordenes Heu	Apathie, Atemnot, Nasenausfluß, Gewichtsverlust
Tränende Augen, gerötete oder geschwollene Lider	Staub oder Fremdkörper, Verletzung durch Kratzen, in die Lidspalte hineinragende Haare	Lichtscheu, Bindehautrötung, Hornhauttrübung, stark hervortretende Augen
Beschleunigte Atmung	Überhitzung, Angst, Streß	Backenblasen, Flankenatmung, Blaufärbung der Schleimhäute
Vermehrtes Kratzen	Unsaubere Haltung, schlechte Fellpflege (Verfilzungen)	Schmierige oder borkige Beläge, Krämpfe, Schiefhalten des Kopfes
Lahmen, Bewegungsunlust	Zu lange Krallen, falsche Einstreu (z.B. Katzenstreu)	Nichtbelasten, Nachziehen der Hinterläufe, Gleichgewichtsstörungen
Leichte Blutungen	Oberflächliche Hautwunden	Krämpfe, Verletzung durch Bisse
Kahle Stellen im Fell	Vitaminmangel, Fellbeißen durch Rauhfuttermangel	Kreisrunde, haarlose Stellen, beidseitig symmetrischer Haarausfall

Gesundheitsvorsorge und Krankheiten

✔ Aus Trauer um einen Käfiggenossen kann ein Meerschweinchen sich richtiggehend zu Tode hungern. Statt mit Zwangsernährung sollten Sie es mit einem neuen Partner versuchen.
✔ Liegt eine gefährliche Viruserkrankung vor, ist der Tod meistens eine Erlösung. Durch Zwangsernährung würde das nur hinausgeschoben.

Einschläfern

Wenn Ihr kleiner Hausgenosse an einer schmerzhaften und unheilbaren Krankheit leidet, ist es manchmal besser, das Tier einzuschläfern. Berücksichtigen Sie jedoch dabei, daß jedes Tier vor allem leben möchte. Gerade bei älteren Meerschweinchen entwickeln sich Krankheiten und Behinderungen erst allmählich. So gewöhnen sich die Tiere mit der Zeit an diesen Zustand und leiden auch nicht unbedingt an großen Schmerzen. Entscheiden Sie zusammen mit dem Tierarzt, ob das Meerschweinchen eingeschläfert werden muß. Der Tod eines Tieres, auch der natürliche, schmerzt immer, verlieren wir doch einen Freund, ein Mitglied der Familie, das uns in all den Jahren ans Herz gewachsen ist. Besonders ein Kind will oft nicht einsehen, daß es von seinem geliebten Spielkameraden Abschied nehmen muß. Es liegt an Ihnen, wie Sie Ihrem Kind das Thema Tod begreiflich machen.

Hinweis: Bei Zoonosen, das sind Krankheiten, die vom Tier auf den Menschen übertragen werden können, reagieren vor allem Kinderärzte oft übergstlich und vorschnell mit der Aussage, das Heimtier könnte als Krankheitsüberträger in Frage kommen. Niemals aber sollte ein Meerschweinchen allein auf Verdacht hin eingeschläfert werden. Hier muß der Tierarzt nach eingehender Untersuchung die entscheidende Instanz sein, am besten nach Rücksprache mit dem Kinderarzt.

Ein Meerschweinchen, das keine Lust am Fressen hat, ist nicht gesund.

Von zwei Meerschweinchen stirbt eines

Meist trauert das zurückgebliebene Meerschweinchen sichtlich, sitzt nur in einer Käfigecke und frißt nicht mehr, weil es den Verlust des Partners nicht verkraftet. Aber auch wenn es das Futter nicht verweigert, heißt das noch lange nicht, daß es sich wohl fühlt. In jedem Fall ist es besser, ihm wieder einen Partner zu geben. Ohne Zweifel akzeptieren wird es ein junges Meerschweinchen im Alter von sechs bis zehn Wochen. Gehen Sie bei der Eingewöhnung behutsam vor und lassen Sie die beiden, wie auf Seite 18 beschrieben, Kontakt aufnehmen.
Hinweis: Versuchen Sie lieber nicht, den verlorenen Partner selbst zu ersetzen. Irgendwann wird Ihnen das zuviel werden, und dann zieht auf jeden Fall das Tier den kürzeren.

Ein Partner ist für die Gesundheit des geselligen Meerschweinchens förderlich.

PRAXIS KRANKENPFLEGE

Richtige Unterbringung
Halten Sie das Tier vorsorglich getrennt von anderen Meerschweinchen in einem Einzelkäfig. Bei ansteckenden Krankheiten müssen Sie häufig die Einstreu wechseln. Käfig und Zubehör desinfizieren (→ nächster Abschnitt). Den Käfig stellen Sie am besten in einen zugfreien, angenehm temperierten, ruhigen und nicht zu hellen Raum. Kontakt zu seiner Menschenfamilie sollte das Meerschweinchen jedoch haben, sonst würde es zusätzlich zu seiner Krankheit noch seelisch leiden.

> Meerschweinchen bringen Schmerzen nicht mit Klagelauten zum Ausdruck. Nur am Blick und an den Veränderungen in Verhalten und Aussehen können Sie erkennen, wie sehr Ihr kleiner Patient leidet. Sie helfen ihm, wenn Sie ihn sorgsam pflegen.

Desinfizieren des Käfigs
Als mildes Desinfektionsmittel empfiehlt sich der aus Orangenöl hergestellte Universalreiniger Oranex (in Naturläden erhältlich). Er wird unverdünnt oder leicht verdünnt verwendet, ist preiswert, riecht angenehm und schadet den Tieren erfahrungsgemäß nicht. Halten Sie jedoch auf alle Fälle Rücksprache mit Ihrem Tierarzt, wenn die Schwere der Krankheit ein stärkeres Desinfektionsmittel erfordert.

Flüssigkeit langsam mit einer Einwegspritze einträufeln.

Zuerst die Haare wegschneiden, danach vorsichtig die Wunde versorgen.

Spritze seitlich in die Zahnlücke einführen.

Trinken
Das kranke Tier muß unbedingt Flüssigkeit zu sich nehmen, sonst vertrocknet es. Träufeln Sie Wasser oder Tee mit Hilfe einer Einwegspritze (ohne Nadel) langsam in die seitliche Backentasche. Dabei immer wieder absetzen und das Tier nach hinten mümmeln lassen, damit es sich nicht verschluckt.

Salbe auftragen
Bei kleineren Verletzungen schneiden Sie das Fell im Umkreis der Wunde vorsichtig weg. Reinigen Sie die Wunde mit Kamillentee, und tragen Sie

Salbe mit einem Wattestäbchen auftragen.

Dem kranken Meerschweinchen helfen

Rotlichtbehandlung
Rotlichtbestrahlung ist eine unterstützende Maßnahme bei gestörtem Allgemeinbefinden. Damit das Tier sich nicht gezwungenermaßen in der Strahlerwärme aufhalten muß, auf keinen Fall den ganzen Käfig bestrahlen.

Nur einen Teil des Käfigs bestrahlen.

Ringelblumen-(Calendula) oder Traumeelsalbe auf. Warten Sie, bis sie eingezogen ist, und setzen Sie das Tier erst dann in den Käfig zurück. Es leckt sofort an der Wunde und würde damit die Salbe entfernen.

Augenwinkel vorsichtig betupfen.

Augenbehandlung
Sind die Bindehäute geschwollen, können Sie den Augenwinkel drei- bis viermal täglich vorsichtig mit einer Kamillenlösung oder mit Euphrasia (10 Tropfen auf ein Glas warmes Wasser) betupfen. Halten Sie das Tier bei abgedämpftem Licht, bis die Entzündung abgeklungen ist.

Was tun bei Allergien?
Wenn der Tierarzt durch einen Test herausgefunden hat, gegen was Ihr Meerschweinchen allergisch ist, können Sie entsprechende Maßnehmen ergreifen.
✔ Ist es gegen Heu allergisch, geben Sie nur soviel davon in die Raufe, wie gerade gefressen wird.
✔ Bei einer Allergie gegen die Einstreu hilft es, wenn Sie BIO-Einstreu benutzen (aus dem Zoofachhandel).
✔ Handelt es sich um eine Allergie gegen bestimmte Pflanzen, etwa Bärenklau oder Salat, dürfen Sie diese natürlich nicht mehr verfüttern. Denken Sie daran, etwaige »Übeltäter« auch aus dem Freigehege zu entfernen.

Stärkung von schwachen Tieren
Einem gesunden, aber schwachen Tier reichen Sie viel Grünfutter mit Kräutern, Vitamine, Haferflocken und Weizenkeime. Lassen Sie es so oft wie möglich an der frischen Luft laufen, vermeiden Sie jedoch große Anstrengungen und Erkältungen (Zugluft). Fragen Sie den Tierarzt wegen einer Vitamin- und Aufbauspritze. Möglichst nicht zur Zucht einsetzen.

Vor und nach einer Operation
Ein gesundes Tier übersteht eine Operation (z. B. eine Kastration) sehr gut. In der Woche davor sollten Sie ihm täglich Vitamin-C ins Trinkwasser geben, da ein Vitamin-C-Mangel das Aufwachen aus der Narkose bis zu vier Stunden verlängern kann. 12 Stunden vor der Operation nichts mehr zu fressen geben. Nach dem Eingriff halten Sie das Tier einige Tage warm, etwa mit Rotlicht, da es durch die Operation stark ausgekühlt ist. Fressen darf das Meerschweinchen erst wieder nach 12 Stunden; dann geben Sie ihm natürlich das beste Futter, um den Heilungsprozeß zu beschleunigen.

REGISTER

Die halbfett gesetzen Seitenzahlen verweisen auf Farbfotos und Zeichnungen.

Abstammung 9
Allergien 7, 51, 59, 63
Alter 6
Analkontrolle **45**
Atmung 55
Augen reinigen 31
-, tränende 55
Augen-
behandlung 59, **59**
Auslauf 6, 23, 25, 55
Außengehege **25**, 26
Ausstattung 17
Auswahl 11

Baden 30
Balkon 25, 27
Behausung 16
Beißen 63, 65
Beschäftigung 48,
48, 49
Bewegung **26**
Bewegungsmangel 55
Brunst 36
Bürste 30

Deckakt 37
Desinfektions-
mittel 58
Durchfall 11, 53, 55

Eingewöhnung 18,
18, 56
Einschläfern 56
Einstreu 16, 28
Entscheidungshilfen 6

Entwicklung
der Jungen 39
Ernährung 32, 35, 51
– bei Krankheit 59
Erste Hilfe 52
– bei Durchfall 52
– bei Verdauungs-
beschwerden 53
– bei Schnupfen 53
– bei Hitzschlag 53
Essensreste 65

Farben unter-
scheiden 46, 48
Farbschläge 12, 13,
14, 15
Fell
– benagen 28
-färbung 10, 12, **15**
-, kahle Stellen im 55
Fellpflege 30, **44**
– Kurzhaar 30
– Langhaar 28, **30**
Fieber 29
Freilauf 28
Freigehege **25**
Füße 11, 65
Futter 33, 35
-, Frisch- **52**
-, Grün- **11, 28**, 29,
33, 35
-, Körner- 33
-, verdorbenes 5
Futterplatz 49
-aufhängung 49
-napf 17
-raufe 17, **23**, 26

Geburtsverlauf 38
Gefahren 27
Geschlechts-
bestimmung 10
Geschlechts-
reife 39, 64
Gesellschaft **6, 7**
Gesundheits-
störungen 55
Gesundheits-
kontrolle
-, After 53
-, Haut 53
-, Ohren 53
-, Zähne 53
Gewichtsverlust 39
Gewöhnen
-, aneinander 36
Gitternagen 28
Goldhamster 23
Grünfutter
aussäen **28**

Haltungsfehler 55
Handzahm
machen 18, **18**
Heilkräuter 53
Heimat 9
Heimtiere
-, andere 7
Herkunft 9
Heu 23, 32, 55, 59
Hören 46
Holz **43**
Hund 22
Husten 55
Hygiene 51

Käfig 6
– desinfizieren 58
-einrichtung 21
-möblierung 17
-, Platz für den 19
– reinigen 31
-, der richtige 16, **19**
Kämmen 30, **30**
Kämpfen **44**
Kaninchen 22, **22**
Kastrieren 7, 10, 64
Katze 23
Katzenstreu 17
Kauf 10
Kaufpreis 65
Kaufvertragsrecht 12
Kennel 32, 54
Kleintierstreu 17
Klettern **4, 5, 16,**
48, 49
Knabberkost 33
Körpersprache 45
Körperübungen **45**
Kontaktaufnahme
18, **20**, 56
Kotverklebungen 53
Krallenschnitt 30, **30**
Krallen
wetzen 28, **29**
Krankheit 10, 39,
51, **54**, 56
-, Diät bei 54
-, unheilbare 56
Krankheits-
anzeichen 51, **56**
-symptome 55
-ursachen 55
Krankheiten
-, ansteckende 58
-, Früherkennung
von 53

A bis S **61**

-, Haut- 51
Kratzen
-, Verletzung
durch 55

L

Labyrinth 49
Lahmen 55
Langeweile 29, 55
Laufen 48
Lautäußerung 45
Linienzucht 35
Lymphozitäre
Chorimeningitis 51

M

Männchen 7, 10, 36
-, kastriertes 42
Medikamente 54
Meerschweinchen
-, gesundes 11
– aneinander ge-
wöhnen 18, **18**, 36
– und andere
Heimtiere 7, **22**, 43
– richtig hoch-
nehmen 19
-, junge **2, 36,**
37, 39
– und Kinder 7, 22
-, krankes 11
– in Pflege
geben 30
– auf Reisen 32
Mietrecht 12, 65
Mineralien 34
Musik 48

N

Nachwuchs 7, 34
Nahrung 65
Nahrungs-
verweigerung 54
Name 4
Nase 11
Nasenkontakt **20,**
44, 45, 46
Nippeltränke 28, **19**

O

Obst 33, **34**, 35
Ohren 11
-pflege 31
– säubern 31, **31**
Operation 59

P

Paarung 36, 45
Pärchen 7, 36
Panik 41
Partner 56
Perinealtasche 53
Pflege 30
-utensilien 30
Pilzerkrankungen 51
Putzen 44, **45**, 46

R

Rangordnung 21, 42
Rangordnungs-
kämpfe 39
Rassemeer-
schweinchen 14, 64
-, Zucht mit 35
Rassen 10, 12, **14**, 15
-, American
Crested 13, **15**
-, Angora **14**
-, English
Crested 13, **15**
-, Langhaar 13, **14**
-, Glatthaar 12, **15**
-, Peruaner 13, **14**
-, Peruanisches
Seidentier 13, **14**
-, Rex 13, **14**
-, Rosette 13, **14**
-, Satin 13, **15**
-, Schopf 13
-, Sheltie 13, **14**
-, Texel 13, **15**

-, Tschudi 9
Räudemilben 51
Rechtsfragen 12
Riechen 46
Rotlicht-
behandlung 59, **59**

S

Sägespäne 17, 28
Salat 33, **33**
Salbe auftragen 58,
58
Salmonellose 51
Sauberkeit 25, 51,65
– im Käfig 45
Schlafhäuschen 13,
16, 22, **49**
Schmerzen 58
Schreckhaftigkeit 41
Sehen 46
Sinnesleistungen 46
Sozialkontakt **44**
Spielen **4**, 5, 48, **48**

Die Paprika besser schälen,
da die Schale schlecht
zu kauen ist.

REGISTER

Spielecke 48
-landschaft 48
-zeug 42
Sport 26, 49, **49**
Springen 48
Stärkung 59
Stroh 17, 21
Stubenreinheit 25

Tanzen 48
Tasten 46
Teppich- und
Tapetenfressen 28
Tierarzt 55, 63
-besuch 53
-, Transport zum 54
Tierhalterhaftung 12
Tierheim 64
Tod 56
Tragzeit 37, 39
Transport 21, 32, 54
Trinken 32
– bei Krankheit
58, **58**
-, übermäßiges 29
Trinkautomat 17, **19,**
26, 35
Trinkwasser 33, 35

Überlebens-
strategie 41, 52
Unterbringung
– bei Krankheit 58
– im Urlaub 32
Unterschlupf **8**
Urlaub 32

Verhalten 41, **44, 45**
-, soziales 4, 5, **6, 7**
– im Rudel 44, 52
Verhaltens-
störungen 28
-veränderungen
bei Krankheit 54
-weisen 41
Vermehrung 41
Vitamine 34
Vitamin-C 59
Vögel 23

Wassermangel 5, 55
Weibchen 7, 10, 36
-, trächtiges 34
Wettrennen 49
Wittern **45**
Wunden
versorgen 58, **58**

Zähne 10
– wetzen 28, **31**
Zahnabrieb 31
-, mangelnder 55
Zahnkontrolle 31, **31**
Zahnstellung 31, 65
Zoonose 51, 56
Zucht 12, 34
Zugluft 55, 59
Zusammenleben
7, 36, 42, 56
– in der Familie 39
– mit anderen
Heimtieren 22, **22**
Zuwendung 18
-, mangelhafte 55
Zwangsernährung 54
Zweige 33, 35

Adressen, die weiterhelfen

• Meerschweinchen-
freunde Deutschland
(MFD) Bundesverband
Deutschland e.V., Ge-
schäftsstelle: PF 10 11
29, D-63011 Offenbach

• Verein Deutscher
Meerschweinchenzüch-
ter e.V. Bonn, Karin Stü-
ber, Hommelsheimstr. 7,
D-53359 Rheinbach

• Meerschweinchen-
freunde in Österreich
e.V. (MFiÖ), Ursula
Marx, Schulstr. 69/8,
A-2103 Langenzersdorf

• Vereinigung der
Schweizer Meer-
schweinchenfreunde,
Isabelle Strebel, Ziegel-
scheune 496, CH-4245
Kleinlützel

• Kantonaler Cavia Ver-
ein Solothurn, Trudi
Binz, Sandackerstr. 6,
CH-4573 Lohn-Am-
mannsegg.

Die genannten Vereine
können Ihnen Adressen
von Meerschweinchen-
Züchtern in Ihrer Nähe
nennen. Bitte legen Sie
bei schriftlichen Anfra-
gen stets einen fran-
kierten Rückumschlag
bei.

Bücher, die weiter-helfen

(falls nicht im Buchhan-
del, dann in Bibliothe-
ken erhältlich)

• Behrend, Katrin:
Mein Heimtier:
Das Meerschweinchen.
Gräfe und Unzer Verlag,
München.
• Gabrisch, K., Zwart, P.:
Krankheiten der Heim-
tiere. Schlütersche Ver-
lagsanstalt, Hannover.
• Hamel, Ilse:
Das Meerschweinchen,
Heimtier und Patient.
Gustav Fischer Verlag,
Jena.
• Leibenguth, Friedrich:
Züchtungsgenetik.
Georg Thieme Verlag,
Stuttgart.
• Meerschweinchen-
freunde Deutschland
e.V. (Hrsg.):
Die wichtigsten Fragen
über Meerschweinchen.
Offenbach.

Zeitschriften, die weiterhelfen

• Meerschweinchen-
News. Herausgeber:
Meerschweinchenfreun-
de Deutschland (MFD)
Bundesverband
Deutschland e.V.
(Adr. s.o.).
• Das Tier.
Egmont Ehapa Verlag,
Im Riedenberg 54
70771 Leinfelden-
Echterdingen

Wichtige Hinweise

Fragen zu Meerschweinchen beantworten auch

Ihr Zoofachhändler und der Zentralverband Zoologischer Fachbetriebe Deutschlands e.V., D-63225 Langen, Tel. 0 61 03 / 91 07 32 (nur telefonische Auskunft möglich).

Die Autorin

Katrin Behrend, Journalistin, Autorin und Tierbuch-Redakteurin, lebt in München und Italien. Das Thema Meerschweinchen ist eines ihrer Spezialgebiete im Heimtierbereich.

Die Fotografin

Karin Skogstad arbeitet seit 1979 als freie Fotografin und Journalistin. Eines ihrer Spezialgebiete sind Tiere und Pflanzen. Im GU Verlag sind bereits zahlreiche Tierratgeber mit ihren Fotos erschienen.

Der Zeichner

György Jankovics studierte Grafik an den Kunstakademien von Budapest und Hamburg. Für eine Reihe angesehener Verlage zeichnet er Tier- und Pflanzenmotive. Auch für die GU Redaktion Natur hat er bereits viele Titel illustriert.

Dank

Autorin und Verlag danken dem Verein Meerschweinchenfreunde Deutschland e.V. für die freundliche Unterstützung und die vielen nützlichen Informationen, dem Tierarzt Dr. med. vet. Peter Hollmann für die Durchsicht des medizinischen Teils und Herrn Rechtsanwalt Reinhard Hahn für die juristische Beratung. Die Fotografin dankt Frau Gaby Maric und Frau Birgit Nasra dafür, daß sie ihre schönen Meerschweinchen als »Modelle« zur Verfügung gestellt haben.

An unsere Leserinnen und Leser

Wir freuen uns, Ihre Meinung zu diesem TierRatgeber zu erfahren. Bitte schreiben Sie uns, wenn Sie Berichtigungen und Ergänzungsvorschläge haben oder wenn Ihnen etwas besonders gut gefällt.

Gräfe und Unzer Verlag
Redaktion Natur
Stichwort:
TierRatgeber
Postfach 86 03 66
D-81630 München

Fotos: Buchumschlag und Innenteil

Umschlagvorderseite: Holland Angora, Rot-Weiß (großes Foto) und Glatthaar, Dalmatiner (kleines Foto). Umschlagrückseite: English Crested Satin, Einfarbig Creme. Seite 1: Rex (links) und Alpaka, Rot-Weiß (rechts). Seite 2/3: Normalhaar, Dalmatiner. Seite 4/5: Satin, Einfarbig Rot (oben) und English Crested Satin, Einfarbig Creme (unten). Seite 6/7: Rex, Rosette, Texel, Sheltie (von links). Seite 64: Satin, Einfarbig Rot (links) und Langhaar, Lilac (rechts).

Impressum

© 1997 Gräfe und Unzer Verlag GmbH, München. Alle Rechte vorbehalten. Nachdruck, auch auszugsweise, sowie Verbreitung durch Bild, Funk und Fernsehen, durch fotomechanische Wiedergabe, Tonträger und Datenverarbeitungssysteme jeder Art nur mit schriftlicher Genehmigung des Verlages.

Redaktion:
Anita Zellner
Lektorat:
Barbara Wurzel
Umschlaggestaltung und Layout:
Heinz Kraxenberger
Zeichnungen:
György Jankovics
Herstellung: Heide Blut/ Gabie Ismaier
Satz: Heide Blut
Reproduktion:
Fotolito Longo
Druck und Bindung:
Stürtz

ISBN   3-7742-3147-8

Auflage	7.	6.	5.	4.
Jahr	2003	02	01	00

Wichtige Hinweise

Zeigen sich bei Ihrem Meerschweinchen Krankheitsanzeichen (→ Seite 52), sollten Sie unbedingt einen Tierarzt zu Rate ziehen. Einige Krankheiten sind auf den Menschen übertragbar (→ Seite 51). Gehen Sie im Zweifelsfall selbst zum Arzt, auch wenn Sie von den Tier gebissen wurden. Es gibt Menschen, die allergisch auf Tierhaare reagieren. Wenn Sie sich nicht sicher sind, fragen Sie Ihren Arzt vor der Anschaffung.

EXPERTEN-RAT

Die Expertin gibt Antwort auf die 10 häufigsten Fragen zur Meerschweinchen-Haltung.

1 Soll man sich ein oder zwei Meerschweinchen anschaffen?

2 Vertragen sich Männchen genauso gut wie Weibchen?

3 Ist für die Haltung von Meerschweinchen die Genehmigung des Vermieters erforderlich?

4 Sollte man ein Meerschweinchen aus dem Tierheim holen?

5 Wo findet man Rassemeerschweinchen?

6 Sind Meerschweinchen teuer?

7 Worauf sollte man bei der Auswahl vor allem achten?

8 Wird ein Meerschweinchen stubenrein?

9 Beißen Meerschweinchen einen in den Finger?

10 Kann man Meerschweinchen auch mit Essensresten füttern?